www.ingramcontent.com/pod-product-compliance
Lightning Source LLC
LaVergne TN
LVHW060546061126
851857LV00017B/1922
* 9 7 8 6 0 3 8 1 5 1 9 1 4 *

عقود التجارة الإلكترونية
وفقاً لنظام التعاملات الإلكترونية السعودي
دراسة تحليلية مقارنة

تأليف
الدكتورة عزة علي محمد الحسن
استاذة القانون التجاري المساعد
بقسم الأنظمة/ كلية الشريعة -جامعة القصيم

الطبعة الأولى
1435 هـ / 2014 م
مكتبة الرشد
ناشرون

ح مكتبة الرشد ١٤٣٥هـ
فهرسة مكتبة الملك فهد الوطنية أثناء النشر
الحسن، عزة علي محمد
عقود التجارة الالكترونية وفقاً لنظام التعاملات الالكترونية السعودي: دراسة تحليلة مقارنة/ عزة علي محمد الحسن - الرياض، ١٤٣٥هـ
..ص؛..سم
ردمك: ٤ -٩١ -٨١٥١ -٦٠٣ -٩٧٨
١ - العقود التجارية - قوانين وتشريعات ٢ - التجارة الالكترونية - قوانين تشريعات
٣ - المعاملات الالكترونية أ. العنوان
ديوي ٣٤٣.٠٩٩٩ ١٤٣٥/٦٨٨٣

ردمك: ٤ -٩١ -٨١٥١ -٦٠٣ -٩٧٨ رقم الإيداع ١٤٣٥/٦٨٨٠

الطبعة الأولى تاريخ: ١٤٣٥هـ ٢٠١٤م

مكتبة الرشد - ناشرون
المملكة العربية السعودية - الرياض
الإدارة: مركز البستان - طريق الملك فهد هاتف ٤٦٠٢٥٩٠
ص ٠ ب ١٧٥٢٢ الرياض ١١٤٩٤ هاتف ٤٦٠٤٨١٨ - فاكس ٤٦٠٢٤٩٧
Email: info@rushd.com.sa
Website : www.rushd.com.sa
للتواصل: www.Info@rushd.com.sa

فروع المكتبة داخل المملكة

الرياض: المركز الرئيسي: الدائري الغربي - بين مخرجي ٢٧ و٢٨: هاتف ٤٣٢٩٣٣٢
الرياض: فرع عثمان بن عفان: هاتف ٢٠٥١٥٠٠
فرع مكة المكرمة: شارع الطائف: هاتف ٥٥٨٥٤٠١ فاكس ٥٥٨٣٥٠٦
فرع المدينة المنورة: شارع أبي ذر الغفاري: هاتف ٨٣٤٠٦٠٠ فاكس ٨٣٨٣٤٢٧
فرع جدة: حي الجامعة - شارع باخشب: هاتف ٦٣٣١١٨٣ فاكس ٦٣٣٠٣١٥
فرع القصيم: بريده - طريق المدينة: هاتف ٣٢٤٢٢١٤ فاكس ٣٦٩٥٤٥١
فرع خميس مشيط: هاتف ٢٣٧٨١٢٩ فاكس ٢٢١٧٩١٣
فرع الدمام: شارع الخزان: هاتف ٨١٥٠٥٥٦ فاكس ٨٤١٨٤٧٣
فرع حائل: هاتف ٥٣٢٢٢٤٦ فاكس ٥٦٦٢٢٤٦
فرع الإحساء: هاتف ٥٨١٣٠٢٨ فاكس ٥٨١٣١١٥
فرع: تبوك هاتف ٤٢٤١٦٤٠ فاكس ٤٢٣٨٩٢٧
القاهرة: مدينة نصر: شارع إبراهيم أبو النجا: هاتف ٢٢٧٢٨٩١١ - فاكس ٢٢٧١٣٦٢٥

مكاتبنا بالخارج

القاهرة: مدينة نصر: هاتف ٢٧٤٤٦٠٥ - موبايل: ٠٠٢٠١٠٠١٦٢٢٦٥٣ - فاكس ٢٢٧١٣٦٢٥
بيروت: تلفاكس: ٠١٨٠٧٤٧٧ - موبايل: ٠٣٢٠٧٤٨٨
الإمارات العربية المتحدة، دبي: منطقة الرقة: هاتف: ٠٠٩٧١٥٢٩٤٨٨٦٧٨ - فاكس: ٠٠٩٧١٤٥٢٦٧٩٠٦

بسم الله الرحمن الرحيم

الإهداء

إلى والدي الحبيب.....الدكتور علي محمد الحسن
إلى والدتي الغالية.... صفية محجوب عوض الله
إلى أبنائي وقرة عيني
محمد وعلي

أهدي هذا العمل

مقدمة الكتاب

الحمد لله رب العالمين والصلاة والسلام على أشرف الخلق سيدنا محمد؛ وعلى آله وصحابته أجمعين، ومن تبعهم بإحسان إلى يوم الدين. وبعد...

لم تشهد البشرية خلال تاريخها الطويل تغيرات في نمط الإنتاج والتبادل والاتصال بل وفي أسلوب الحياة بالعمق والشمول والسرعة التي تشهدها المجتمعات المعاصرة مذ دخلت في حياتها التقنيات الحديثة للمعلومات والاتصال، وقد تغلغلت هذه التقنيات في بعض القطاعات مثل قطاع التجارة وقطاع المعلومات والقطاع المصرفي والمالي إلى الدرجة التي تحولت معها الأساليب والممارسات التي تستخدمها المؤسسات التي تعمل في هذه القطاعات تحولا جزرياً شاملاً. وشمل التحول هياكل وكيان هذه المؤسسات، وظهر نتيجة لذلك نوع من المؤسسات ليس له موقع محدد أو هيكل هرمي تقليدي أو كيان مادي، وإنما يتحدد وجوده ونشاطه على شبكة علاقات التبادل والاتصال التي تتم من خلالها أعماله وأنشطته، ويتمثل فيها كيانه المؤسسي ذاته الذي أضحى كيانا مرنا غير ذي وجود مادي، إنما يتواصل معلوماتيا واتصاليا لذلك فهو كيان تخيلي أو افتراضي.

وأسهمت الثورة المعلوماتية والاتصالية بدرجة كبيرة في زيادة مدى التيار الجارف الذي شمل اقتصاديات العالم ونمط حياة مجتمعاتها المعروف بتيار العولمة خلال ربع القرن الأخير، وينتظر أن تستمر آثار هذه الثورة المعلوماتية والاتصالية لتشمل كل قطاعات النشاط والإنتاج والتبادل في المجتمعات. لقد بدأت هذه التغيرات تُحدث تحولات متسارعة شاملة في عديد من اقتصاديات العالم وبخاصة العالم المتقدم، وقد بدأت كذلك مسيرة تحول في الاقتصاد العالمي تعتمد على تقنية وشبكات المعلومات والاتصال، تشكل فيها المعلومات وشبكاتها وتقنيات الاتصال المتقدمة والمعرفة (Knowledge) نسبة

متزايدة ومؤثرة وتعتبر أداة مهمة من أدوات تحقيق ميزة تنافسية (Competitive Advantage) على المستوى العالمي. [1].

ونتيجة لكل هذه التحولات واستخدام التقانة في مجالات الأعمال والاقتصاد والتجارة ظهر مفهوم "التجارة الإلكترونية". ومع أنها في مفهومها الضيق المباشر تعني "إنجاز الصفقات التجارية وما يتبعها من تسويات مالية، باستخدام الطرق الإلكترونية في معالجة البيانات ونقلها عبر شبكات الاتصال على المستوى المحلي والدولي"، أي ممارسة عمليات البيع والشراء التقليدية وما يتبعها من مسائل مالية عبر الوسائط الإلكترونية، إلا أنها (التجارة الإلكترونية) قد أثارت جملة من التحديات القانونية التي تتطلب إما إعادة تقييم القواعد القائمة لتتواءم مع الطبيعة القانونية الخاصة للتجارة الإلكترونية، أو استحداث قوانين جديدة لتعالج الجوانب التي لم تتعرض لها القوانين القائمة.

ونظرا لحداثة موضوع التجارة الالكترونية نسبيا، وبسبب اتساع دائرة التجارة الإلكترونية كوسيلة جديدة تحتاج إلى إطار قانوني يحكمها وينظم عملها، ونظرا لتعدد الموضوعات والتحديات القانونية التي تثيرها، فقد تناولت بالدراسة والتحليل في هذا المؤلف مسائل قانونية محددة، وهي المسائل المتعلقة بالتعاقد الإلكتروني والإثبات الإلكتروني ومشكلات الاختصاص القضائي والقانوني لمنازعات التجارة الإلكترونية، وأخيرا مسألة الدفع الإلكتروني. ووجدت أنه من المناسب تقسيم هذا العمل إلى فصل تمهيدي وأربعة أبواب وذلك على النحو التالي:-

الفصل التمهيدي يتناول:- "إستخدام تقانة المعلومات والاتصالات في المبادلات الإقتصادية" ففي ظل عالم اليوم وما يحتويه من ايقاع سريع في ثورة المعلومات والاتصالات والتغيرات الجزرية في مفاهيم التجارة وأساليبها،ظهر

1 - رأفت رضوان- عالم التجارة الإلكترونية- المنظمة العربية للتنمية الإدارية- 1999م- ص4.

ثوب جديد للاقتصاد؛ هو "الاقتصاد الرقمي أو الشبكي"؛ والذي يقوم على حقيقتين هامتين هما:- تقنية المعلومات والتجارة الإلكترونية، فتقنية المعلومات هي التي خلقت الوجود الواقعي والحقيقي للتجارة الإلكترونية باعتبارها تعتمد على الحوسبة والاتصال وعلى مختلف الوسائل التقنية لتنفيذ وإدارة النشاط التجاري.

ويحتوي هذا الفصل على ثلاثة مباحث، تناول المبحث الأول مفهوم "التجارة الإلكترونية" وتناول المبحث الثاني أنواعها المختلفة، أما المبحث الثالث فقد تناول التنظيم القانوني للتجارة الإلكترونية وفق الأنظمة الصادرة بهذا الشأن في الاتفاقيات الدولية ذات الصلة وفي المملكة العربية السعودية.

وتناول **الباب الأول** موضوع "التعاقد الإلكتروني" حيث أن التجارة الإلكترونية تواجه صعوبات من حيث التعاقد، كإعتراف القوانين التقليدية بقانون إبرام العقد بالوسائل الإلكترونية، ومسائل الإيجاب والقبول بين الأطراف المتعاقده ومعيار انعقاد العقد وطريقة التعبير عن الإرادة، وما يتصل بذلك من مسائل تحديد زمان ومكان إبرام العقد.

أما **الباب الثاني** فقد تناول مسألة "الإثبات الإلكتروني" إذ أن النمو السريع للتجارة الإلكترونية قد حتم على القضاة وفقهاء القانون التعامل مع وسائل إثبات جديدة كالمستندات الإلكترونية والتواقيع الإلكترونية، فكان أن بدأ هذا الفصل بالشروط الواجب توافرها في المحرر الكتابي التقليدي "وهي "الكتابة" و"التوقيع" ، للنظر حول مدى توافرها في المحررات أو المستندات الإلكترونية.

وتناول **الباب الثالث** مسألة "الإختصاص والولاية القضائية والقانون الواجب التطبيق" في بيئة التجارة الإلكترونية، حيث أن التجارة الإلكترونية باعتبارها تجارة بلا حدود تثير مشكلة الاختصاص القضائي، وأن القوانين الداخلية ذات نطاق إقليمي محدد بحدود الدولة المعنية. حاولت من خلال هذا

الباب التعرف على مدى إمكانية تطبيق قواعد الإسناد التقليدية التي يقوم على أساسها تحديد القانون الواجب التطبيق وتحديد المحكمة المختصة على عقود التجارة الإلكترونية، حيث أن خصوصية البيئة التي تبرم فيها هذه العقود تجعل تركيزها تركيزا مكانيا مسألة صعبة ومعقدة. وإزاء هذه الصعوبات تناولت في هذا الباب الآليات والوسائل البديلة التي اتجه المجتمع الدولي إلى قبولها لتسوية منازعات التجارة الإلكترونية.

وأخيرا تناول **الباب الرابع** "أنظمة الدفع والسداد الإلكتروني" حيث أن مسألة الدفع والمال الإلكتروني تثيران تحديات تتصل بمفهوم النقود الالكترونية في مجال الوفاء بالثمن مقابل الخدمة، إذ أنه وكنتيجة إلزامية للتطور التكنولوجي المستمر لم تعد النقود المعدنية أو الورقية ملائمة لتسهيل التعاملات التي تتم في البيئة غير المادية كعمليات التعاقد التي تتم بوسائل الاتصال الحديثة وخصوصا الإنترنت، لذلك كان ملحاً البحث عن وسيلة سداد تتلاءم مع طبيعة التجارة الإلكترونية.

في الختام، وإنني إذ أقدم هذا المؤلف أدعو الله أن أكون قد وفقت في تناول وعرض هذه الموضوعات المختلفة، ولا أدعي أن هذا العمل قد خلا من كل عيب، فالكمال لله وحده وفوق كل ذي علم عليم، وأسأل الله الهداية والتوفيق.

المؤلفة

الدكتورة عزة علي محمد الحسن

بريدة/ المملكة العربية السعودية

جمادى الآخر 1435هـ/ إبريل 2014م

المقدمة
استخدام تقانة المعلومات والاتصالات في المبادلات الاقتصادية

في عالم أزالت فيه تقنيات الاتصال الحدود بين الدول وسادت فيه ثقافة العولمة في مجالات عديدة كالأنشطة الاقتصادية، شهدت أسواق التبادل في السلع والخدمات والأموال تطورات جذرية فيما يتعلق بوسائل أو قنوات إنجاز الصفقات والتعاقدات، وظهرت التقانه الرقمية (Digitalization) التي تعني في جوهرها إمكانية تمثيل كل أنواع المعلومات سواء كانت مكتوبة أو كانت صوتاً أو في شكل صور ساكنة أو متحركة مصحوبة بالصوت سينما أو فديو، تمثيلاً موحداً باستخدام الرقمين(0:1) وبالتالي مكن ذلك من التعامل مع هذه العناصر بصوره موحدة ومعالجتها بطرق سريعة لم تكن متاحة من قبل.[1]

وأعطى التقدم التقني المحرز على مستوى المعلومات والاتصالات أبعاداً جديدة لبيئة الأعمال، وأتاح للمتعاملين وسائل متطورة للإعلان عن السلع والخدمات ومن ثم التعاقد عبر شبكات الحواسب الآلية وتنفيذ التعاقدات عبر النقل الآلي للبيانات دون حاجه للحضور المادي أو "الشخصي" في موقع الحدث.[2]

---

1 - د. عز الدين كامل أمين – محاضرة بعنوان العقود الإلكترونية ونظم الدفع الإلكتروني – معهد التدريب والإصلاح القانوني – السودان – الخرطوم - 21 يوليو 2002م.

2 - د- أحمد شرف الدين – عقود التجارة الإلكترونية (تكوين العقد وإثباته)- مطبوعات كلية الحقوق جامعة عين شمس - ص 5– 2001م.

وبظهور (الإنترنت)(1) أصبح هنالك مجتمع جديد في مجال يختلف من فضاء المكان الذي تعودنا عليه يطلق عليه فضاء "المعلوماتية" أو الفضاء "الإلكتروني" (Cyber space) حيث تم إلغاء المكان والتعامل الحسي المباشر، وتداخلت الحواس الأخرى لتنشط في هذا الفضاء بصورة أكبر وهكذا لم تعد (الإنترنت) مجرد وسيلة لإرسال واستقبال المعلومات والحصول عليها من شتى أنحاء العالم، بل أصبحت "مكان" يعج بالناس والأفكار تستطيع زيارته والتجول في جنباته والقيام بالمعاملات المختلفة كالتسوق والتعليم والاتصالات والاعلانات والتعاقدات ... وغيرها، ولم يعد يقتصر على منطقة محددة بل أصبحت المجتمعات الإلكترونية وكأنها عقد يرتبط بعضها ببعض عبر شبكة الاتصالات الدولية. وظهرت ثقافة جديدة غيرت من سرعة مجرى الحياة ومن طرق التعامل مع العلوم الطبيعية والإنسانية المختلفة وتطّلب ظهورها استحداث كثير من القوانين واللوائح والوسائل والإجراءات لملاءمة تلك الثقافات الجديدة المتاحة.(2)

وأثر التطور في مجال الاتصال الإلكتروني تأثيراً جذرياً على الطريقة التي تتم بها المعاملات التجارية أو الاقتصادية بصفة عامة، وترتب على استخدام قنوات الاتصال الإلكترونية في إنجاز المبادلات الاقتصادية انسيابا أسرع للسلع والخدمات والأموال وضغطا لتكاليف التعامل سواء فيما بين

1 -كلمة "إنترنت " تعني لغوياً "ترابط بين شبكات" وبعبارة أخرى "شبكة الشبكات" حيث تتكون الإنترنت من عدد كبير من شبكات الحاسب المترابطة والمتناثرة في أنحاء كثيرة من العالم، ويحكم ترابط تلك الأجهزة وتحادثها برتوكول موحد يسمى برتوكول تراسل الإنترنت (TCP/IP).

2 -Jonathan Rosenoer -Cyber Law (The law of the internet) - Springer-Verlag- New York, Inc.1997- p.8.

الشـركات المنتجـة والمـوردة والموزعـة أو فيمـا بـين شـركات التوزيـع والمستهلكين، فعلى مستوى المبادلات السلعية يستطيع صاحب الموقع علـى الإنترنـت المطروح عليـه إعـلان عـن سلـع أو خـدمات، الاستجابة لأوامـر أو طلبات المشترين الذين يمكنهم تسوية مدفوعاتهم عبر الشبكة باستخدام بطاقات الائتمان. وترتب على ذلك ظهور ثوب جديد للاقتصاد، هو الاقتصاد الشبكي أو الرقمي (Digital economy) يحل فيه "التبادل الإلكتروني للبينـات" محـل "المستندات الورقية" في إنجاز المعاملات، ويقوم علـى حقيقتـين هـامتين همـا:- تقنية المعلومات والتجارة الإلكترونية، فتقنية المعلومات أو صناعة المعلومـات هي التي خلقت الوجود الواقعي والحقيقي للتجارة الإلكترونيـة باعتبارهـا تعتمـد على الحوسبة والاتصـال وعلـى مختلـف الوسـائل التقنيـة لتنفيذ وإدارة النشـاط التجاري. [1]

من خلال الفصل القادم نحاول التعـرف علـى مفهـوم "التجـارة الإلكترونيـة" وأنواعها المختلفـة، بالإضـافة إلـى التنظيـم القـانوني للتجـارة الإلكترونيـة وِفقـاً للاتفاقيات الدولية ذات الصلة بهذا الشأن إضافة لنظام المملكة العربية السعودية الخاص بالتعاملات الإلكترونية، مع استخدام المنهج المقـارن لمـا يجـرى عليـه العمل في الأنظمة الأخرى.

---

1 - د. أحمد شرف الدين- مرجع سابق - ص7.

الفصل التمهيدي

ماهية التجارة الإلكترونية وبيئتها العامة

الفصل التمهيدي

ماهية التجارة الإلكترونية وبيئتها العامة

ظهرت التجارة الإلكترونية في نهاية القرن العشرين كنتيجة للتقدم العلمي والتكنولوجي واستخدام الوسائل العلمية الحديثة في المعاملات بين مختلف الأطراف، إذ تعتمد أساساً على شبكة الاتصالات الدولية (Interconnection Internet Network) والتي يطلق عليها اختصارا (الإنترنت Internet).[1] وفي الستينات من القرن الماضي تطورت الإنترنت وذلك حينما أقامت وزارة الدفاع الأمريكية (البنتاجون) مشروع شبكة وكالة الأبحاث المتقدمة (Advance Research Agency Network) لخدمة عمليات التأهب السريع للقوات العسكرية الأمريكية إذا ما تعرضت لأي هجوم أو أُدخلت في مواجهات مسلحة أو حرب نووية.[2] وفي التسعينات ومع ظهور التقنيات المتقدمة مثل أجهزة الكمبيوتر الشخصي وأجهزة المودم السريعة وبرامج التصفح سهلة الاستخدام مثل(Netscape Explorer) وإطلاق برنامج الويب[3](World wide web) الذي يسمح بالتواصل والتخاطب السهل بين المتعاملين، أصبحت (الإنترنت) متاحة للجميع بسهولة ويسر ولم تعد حكراً على عدد محدود من

---

1 - د. إبراهيم احمد إبراهيم – التجارة الإلكترونية والملكية الفكرية – مجلة المحاماة العدد الأول- 2001 م– ص 592.

2 - د.بهاء شاهين – شبكة الإنترنت – دار الفاروق الحديثة للطباعة والنشر - الطبعة الثانية 1996م – ص10.

3 - خرجت في العالم العربي أكثر من ترجمة لهذا المصطلح فالبعض يسميها الويب وآخرون يستخدمون لفظ الشبكة النسيجية، فالويب أو الشبكة النسيجية تمثل مدخل ميسر للإنترنت وتمثل واجهة استخدام موحدة للعديد من أدوات الشبكة المتاحة وتعمل عن طريق نصوص متشعبة Hyper Link بين الوثائق الموجودة في أي مكان على الشبكة.المصدر: د.عبد القادربن عبد الله الفنتوخ- الإنترنت للمستخدم العربي- مكتبة العبيكان- الطبعة الأولى-2001م- ص49.

العلماء أو الخبراء إذ تتيح البنية الأساسية للإنترنت لأي شركة أو أي شخص أن يكون له تواجد دائم على الشبكة، يستطيع من خلاله الوصول إلى ملايين الأفراد في أرجاء العالم، وتتيح لأصحاب الأعمال والعملاء التعرف على النشاط التجاري أو المنتج الذي ينتجه أو أي معلومات أخرى يريد عرضها على الآخرين. [1] وبذلك كونت (الإنترنت) وسيلة سهلة وفعالة ومفتوحة أمام العموم لجمع المعلومات وخذنها وتبادلها، بحيث أدت إلى زوال الحواجز بين البلدان وتقليص الأبعاد الجغرافية وأصبحت تستخدم كسوق عالمية للترويج للسلع وتقديم الخدمات وإيفاء الديون كما تعتبر أساس تطور التجارة الإلكترونية والمحيط الذي تتكون فيه العلاقات القانونية من تعاقد وإيفاء وعرض.

1 - د. بهاء شاهين – العولمة والتجارة الإلكترونية - دار الفاروق الحديثة للطباعة والنشر – الطبعة الأولي – القاهرة-2000م – ص68.

المبحث الأول
تعريف التجارة الإلكترونية

يعتبر مصطلح "التجارة الإلكترونية" من التعبيرات الجديدة التي دخلت حياتنا بقوة وأصبحت تتداول في الاستخدام العادي لتعبر عن العديد من الأنشطة الإنسانية المرتبطة بثورة تكنولوجيا المعلومات والاتصالات. وبالرغم من وجود العديد من الدراسات والمنشورات التي تناولت هذا المصطلح (التجارة الإلكترونية) من عدة أوجه وحاولت الوصول إلى تعريف لهذا الضرب الجديد من النشاط التجاري، إلا أنها لم تقدم إلا تعريفات عامة توضح الأدوات المستعملة في التجارة الإلكترونية ولم تذكر إلا القليل عن طبيعة أنشطة التجارة ذاتها، ويرجع ذلك إلى التطور المطرد لهذه الأنشطة والذي يجعل من غير الممكن حتى الآن الوصول إلى تعريف دقيق للتجارة الإلكترونية.

وبالرجوع للأصل اللغوي للمصطلح نجده يتكون من كلمتين هما (تجارة) و(إلكترونية) ولتوضيح مفهوم "التجارة الإلكترونية" اعتماداً على تعريف المنظمة العالمية للملكية الفكرية (الوايبو) [1] فقد تناولت المنظمة التعريف بشرح منفصل لكلمتي (تجارة) و(إلكترونية):- حيث أشارت إلى أنه ترمز كلمة (تجارة) إلى المنظومة المتزايدة من الأنشطة التي يمكن ممارستها عبر الشبكة المفتوحة "الإنترنت"([2]) مثل البيع والشراء والمقايضة

---

1 - Primer on E. Commerce &Intellectual Property Issues, (Intellectual property Organization) http://e .commerce.wipo.int ترجمة الباحثة بتصرف

2 - يقصد بالشبكات المفتوحة open Network الشبكات التي يمكن استخدامها من قبل الجميع دونما اتباع أية بروتوكولات معينة. وهنالك نوع آخر من الشبكات التي يقتصر التعامل خلالها

والإعلان والمعاملات التجارية من كل الأنواع، والتي تقود إلى تبادل القيم بين طرفيين أو أكثر. أما كلمة (إلكترونية): فيدل هذا اللفظ على "البنية الأساسية لتقنيات الحاسب الآلي والاتصالات والشبكات المنتشرة على مستوى العالم والتي تكّون القاعدة الأساسية لتوصيل ومعالجة البيانات الرقمية".

وأشارت "منظمة التجارة العالمية "(WTO) إلى أنه يمكن وصف التجارة الإلكترونية بأنها "الإنتاج والإعلان والبيع والتوزيع للمنتجات عبر شبكات الاتصالات". (1)

وأضافت المنظمة أنه يمكن تمييز ستة أدوات أو وسائط تتم من خلالها التجارة الإلكترونية وهي التلفون والفاكس والتلفزيون ونظام الدفع والتبادل النقدي الإلكتروني والإنترنت. ويعتبر تعريف منظمة التجارة العالمية للتجارة الإلكترونية تعريفاً موسعاً حيث أنه قد أشار إلى عدد من الوسائط التي يمكن أن تباشر من خلالها التجارة الإلكترونية، مما يعني أن التجارة الإلكترونية هي إنجاز الأعمال بصيغ إلكترونية متعددة، في حين أنه وفي كثير من الدراسات التي تناولت التجارة الإلكترونية أشارت إلى أن مصطلح التجارة الإلكترونية يأتي دالاً على التجارة التي تباشر من خلال الإنترنت.

على أشخاص توجد بينهم بالفعل علاقات تعاقدية وثقة متبادلة والتي تسمى بالشبكات المغلقة Closed Network

1 - "Electronic commerce may be simply defined as the production, advertising, sale and distribution of products via telecommunication networks ...six main instruments of electronic commerce can be distinguished: The telephone, the fax, television, electronic payment and money transfer system, electronic data interchange and the internet.

أما منظمة التعاون الاقتصادي والتنمية [1] (OECD) فقد عرفت التجارة الإلكترونية بأنها "كل التعاملات التجارية التي تشمل المؤسسات والأفراد على السواء، والتي تعتمد على معالجة ونقل البيانات رقمياً وتشمل النصوص والصوت والصور المرئية التي يتم نقلها عبر الشبكات المفتوحة كالإنترنت أو الشبكات المغلقة مثل شبكة America On Line(AOL). [2]

وإذا إنتقلنا للوقوف على تعريف التجارة الإلكترونية في نظام التعاملات الإلكترونية السعودي الصادر بموجب قرار مجلس الوزراء رقم 80 بتاريخ 1428/3/7هـــ والذي تمت المصادقة عليه بموجب المرسوم الملكي رقم م/18 وتاريخ 1428/3/8هـــ ، فالملاحظ هو أن هذا النظام قد استخدم مصطلح "التعاملات الإلكترونية" بدلا من "التجارة الإلكترونية" حيث عرف النظام "التعاملات الإلكترونية" بأنها:- "أي تبادل أو تراسل أو تعاقد أو أي إجراء آخر يبرم أو ينفذ بشكل كلي أو جزئي بوسيلة إلكترونية".

ومن خلال هذا التعريف يمكن الإشارة إلى الملاحظات التالية:-

أولا:- لم يذهب النظام إلى "تعداد" الأنشطة التي يمكن أن تباشر بطريقة إلكترونية كالبيع والشراء، والإعلان ..إلخ ، وحسناً فعل، حيث أن هذه الأنشطة في ازدياد مستمر وفقا للتطورات التقنية المتزايدة التي تسمح بمباشرة الأنشطة التقليدية المعتادة من خلال الوسائط الإلكترونية الحديثة.

---

1 - Organization for Economic Co-Operation and development (OECD)- Policy Brief No. 1-1997 on E-Commerce www.oecd.org/pulications/POL_brief /970/_POL.htm

2 -E-Commerce refers generally to all forms of transactions relating to commercial activities, including both organizations and individuals, that are based upon the processing and transmission of the digitalized data, including text, sound and visual images and that are carried out over open networks (Like the Internet) or closed networks (like AOL or Minitel) that have a gate way to an open network."

ثانياً:- لم يحصر النظام نطاق التعاملات الإلكترونية على التعاملات التجارية فقط فهو لم يشر إلى ذلك صراحة، حيث أن القانون النموذجي للتجارة الإلكترونية الصادر من لجنة الأمم المتحدة للقانون التجاري الدولي (الأونسيترال) قد اقترح على الدول التي ترغب في حصر أنشطتها الإلكترونية على التعاملات التجارية فقط، أن تضمن في نظامها الخاص بالتعاملات الإلكترونية، نصاً يفيد إنطباقه على "رسائل البيانات المستخدمة في سياق الأنشطة التجارية". وحيث أن النظام السعودي لم يذكر ذلك، فعليه يمكن أن يشمل تعريف التعاملات الإلكترونية في المملكة التصرفات التجارية والتصرفات غير التجارية.[1]

وحسناً فعل المنظم السعودي بعدم الحصر، حيث أن كل ما تقدمه الحكومات للمواطنين عبر البوابات الوطنية الإلكترونية مثلا، وهو ما سنتناوله لاحقا تحت مفهوم الحكومة الإلكترونية، ما كان له أن يدخل ضمن مفهوم المعاملة الإلكترونية لو أن المنظم قد حصر نطاق التعاملات الإلكترونية في التعاملات التجارية فقط.[2]

---

1 - هنالك مجالات وآسعة للأنشطة التي يمكن أن تباشر إلكترونيا، على سبيل المثال لا الحصر: النشر الإلكتروني والخدمات المتخصصة، وهي الإستعلامات المتخصصة المختلفة عن طريق الشبكة مثل الإستشارات الطبية والقانونية والهندسية والإدارية، والتصميمات الهندسية مثل العمل المشترك بين أكثر من شخص لا يجمعهم مكان واحد عن طريق شبكة الإنترنت وغير ذلك من الأنشطة الإنسانية الأخرى.

2 - أشار قانون الأونسترال النموذجي بشأن التجارة الإلكترونية لسنة 1996م في عجز المادة (1) التي جاءت تحت عنوان (نطاق التطبيق) إلى أنه:- " ينطبق هذا القانون على أي نوع من المعلومات يكون في شكل رسالة بيانات مستخدمة في سياق أنشطة تجارية". مع الإشارة إلى أن الدليل الإسترشادي للقانون أوضح أنه لايوجد ما يمنع أي دولة من توسيع نطاق القانون لكي يشمل أي استعمال لوسائل التجارة الإلكترونية خارج المجال التجاري. ونصت الحاشية على صياغه بديلة يمكن أن تستخدمها الدول التي قد ترى أن من المناسب توسيع نطاق القانون النموذجي بحيث يتجاوز المضمار التجاري ليشمل أي نوع من المعلومات يكون في شكل رسالة بيانات، حيث أوردت

=

وحتى لا يفهم من هذا التعريف أن كل الإجراءات التي تبرم أو تنفذ في المملكة العربية السعودية كلياً أو جزئيا بوسيلة إلكترونية تدخل ضمن مفهوم المعاملة الإلكترونية، وبالتالي تخضع لنظام التعاملات الإلكترونية السعودي، فقد ذهب النظام في المادة الثالثة إلى الإشارة إلى أنه يسري على التعاملات والتوقيعات الإلكترونية، إلا أنه استثنى من أحكامه التعاملات المتعلقة بالأحوال الشخصية وإصدار الصكوك المتعلقة بالتصرفات الواردة على العقار.[1]

ثالثاً:- ذهب المنظم السعودي، ومن خلال التعريف، إلى ذكر الوسائل التي يمكن أن تتم من خلالها التعاملات الإلكترونية وهي التبادل والتراسل والتعاقد الإلكتروني أو أي إجراء آخر، وحيث أن هذه التصرفات يمكن أن تتم من خلال الوسائط الإلكترونية المختلفة[2] عليه فإن النظام لم يحصر هذه التعاملات على التعاملات التي تتم عبر شبكة الإنترنت فقط، بل أن عبارة "بوسيلة إلكترونية" التي وردت في عجز المادة قد وسعت مجالات التعاملات الإلكترونية لتشمل كل التصرفات التي تتم عبر "أية وسيلة إلكترونية" سواءاً تمت المعاملة من خلالها بكاملها أو في جزءٍ منها.

=

صياغة أخرى بديلة وهي أنه:- (ينطبق هذا القانون على أي نوع من المعلومات يكون في شكل رسالة بيانات باستثناء الحالات(....). المصدر:- دليل تشريع قانون الأونسترال النموذجي بشأن التجارة الإلكترونية1996م- منشورات الأمم المتحدة- نيويورك 2000م- ص 16.

1 - المادة الثالثة من نظام التعاملات الإلكترونية السعودي.

2 - يمكن الإشارة إلى نماذج أخرى للوسائط الإلكترونية التي يمكن أن تتم من خلالها المعاملة الإلكترونية، على سبيل المثال لا الحصر: الهاتف المحمول والصرافات الآلية.

والحقيقة أنه حتي الآن ليس هنالك تعريفاً محدداً للتجارة الإلكترونية، ومع ذلك فإن هنالك ثلاثة عناصر أساسية تميز التجارة الإلكترونية وهي:-

أولا: فكرة النشاط التجاري وهي الركيزة الأساسية لها وذلك لأن التجارة الإلكترونية مثل بقية الأنشطة التجارية هي عمل تجاري أو مشروع تجاري. مع الإشارة إلى أن مفهومها يمكن أن يمتد ليشمل جميع الأنشطة الإنسانية الأخرى سواء كانت تجارية أم غير تجارية، وذلك على حسب اتجاه كل دولة عند صياغتها لنظامها المتعلق بتعاملاتها الإلكترونية المحلية والدولية.

ثانياً: حدوث تحول للدعامات الورقية المستخدمة في المعاملات التجارية، ذلك أن هذه التجارة لا تعتمد على دعامات ورقية بين طرفي العقد أو البائع أو المستهلك ومن ثم عقد مكتوب وفاتورة تسليم وقبض للثمن، لكن الذي حدث أن تحولت كل هذه الإجراءات بفضل التكنولوجيا المتقدمة، إلى بيانات أو معلومات تنساب عبر شبكات الاتصال ومنها الإنترنت. ولكن يلاحظ أن هذا التحول على الأوراق الثبوتية أو كما تسمي– الدعامات الورقية، لم يمس الطبيعة القانونية للعمليات التجارية ذاتها.

ثالثاً:- فكرة التدويل أو العولمة المقترنة بالتكنولوجيا المتقدمة، ذلك أن العلاقات القانونية الناشئة عن هذه التجارة ليست حبيسة بلد معين أو مكان معين، لكنها تنساب عبر حدود الدول وليست مرتبطة بمكان معين، فالبائع قد يكون في دولة والمشتري قد يكون في دولة أخرى، والمنتج قد يكون في دولة والمستهلك في دولة أخرى، وذلك بسبب التقدم العلمي الذي اتاحته التكنولوجيا وهي لا تعرف الحدود السياسية.[1]

1 - د. محمد السيد عرفة- (التجارة الدولية الإلكترونية عبر الإنترنت- مفهومها والقاعدة التي تحكمها ومدي حجية المخرجات في الإثبات) – دراسة مقدمة لمؤتمر (القانون والكمبيوتر) كلية الشريعة والقانون - جامعة الإمارات العربية المتحدة من (1-3) مايو 2000م

المبحث الثاني
أنواع التجارة الإلكترونية

تتعدد صور التجارة الإلكترونية لتشمل الأنواع الآتية :-

التجارة بين قطاعات الأعمال	***(B2B) Business to Business***
التجارة بين قطاعات الأعمال والمستهلكين	**Business to Customer (B2C)**
التجارة بين القطاعات الحكومية	**Gov._ to Gov. (G2G)**
التجارة بين القطاعات الحكومية وبين المستهلكين	**Gov- to Customer (G2C)**

ونتناول فيما يلي كل نوع بشيء من التفصيل

أولاً:- التجارة بين قطاعات الأعمال (B2B) :-

يتم هذا النوع من التجارة الإلكترونية بين مؤسسات الأعمال بعضها البعض، وفيها تقوم وحدة الأعمال على سبيل المثال باستخدام شبكة الاتصالات وتكنولوجيا المعلومات لتقديم طلبات الشراء إلى مورديها وتسليم الفواتير وتقوم كذلك بعملية الدفع. ويعتبر هذا النوع من التجارة الإلكترونية من أكثر الأنواع شيوعاً في الوقت الحالي سواء كان داخل الدول أو بين الدول بعضها البعض وذلك باستخدام تبادل الوثائق إلكترونيا.[1]

1 - رأفت رضوان – عالم التجارة الإلكترونية- مرجع سابق- ص 125

ثانياً:- التجارة بين قطاعات الأعمال والمستهلكين:

(Business To Customer)

مع استخدام الإنترنت يمكن القول إن هذا النمط من التجارة قد توسع بشكل كبير حيث أصبح هنالك ما يسمي بالمراكز التجارية (Shopping Malls) التي تقدم كل أنواع السلع والخدمات، وتسمح للمستهلك بإستعراض السلع المتاحة وتنفيذ عمليات الشراء، ويتم الدفع بطرق مختلفة أكثرها شيوعاً عن طريق استخدام بطاقات الائتمان أو الشيكات الإلكترونية أو نقدا عند التسليم أو بأي طريقة أخرى.[1]

وتنقسم المراكز التجارية الافتراضية إلى قسمين: أولهما يمكن الدخول إليه دون حاجة لإجراءات معينة ولكنه يسمح للزائر بالإطلاع فقط، حيث يستطيع زائر الموقع أن يتجول فيه من أجل التعرف علي السلع والخدمات المعروضة دون أن يتمكن من شرائها، ويتعين عليه لكي يتمكن من الشراء أن يدخل إلي القسم الثاني والذي لن يتمكن من الدخول إليه إلا بعد إتباع إجراءات معينة تستهدف التحقق من شخصيته وتسجيله وتتلخص في أن يذكر رقم بطاقته الائتمانية من أجل تيسير الوفاء مع تبني توقيعاً رقمياً ذو شفرة خاصة من أجل أن تُعتمد التصرفات التي يبرمها الزبون. فإذا ما تمت هذه الإجراءات استطاع الزائر لموقع التجارة الإلكترونية الدخول إلى صفحات البيع لمختلف المحلات التجارية التي يتكون منها المركز التجاري، وأن يتعاقد على المنتجات والخدمات التي يرغب فيها، ويجب عليه بعد ذلك أن يستخدم الكود الخاص به كلما أراد الدخول إلى هذا المركز مع ملاحظة أنه إذا دخله فإنه يستطيع التجول بحرية في المحلات المشاركة فيه

---

1 - المرجع السابق - ص 31.

دون حاجة للتحقق منه عند دخوله أيا منها، فإذا دخل الزائر أحد المحلات فإنه يجد نفسه أوتوماتيكياً أمام مجموعة من الصفحات التي تتضمن شروط التعاقد والتي لا يكون بوسعه سوى أن يقبلها أو أن يرفضها برمتها.

ثالثاً :-التجارة الإلكترونية في المجال الحكومي (G2G) & (G2B) &(G2C)

تشمل التجارة الإلكترونية في المجال الحكومي التعاملات بين الجهات الحكومية بعضها البعض، والتعاملات بين الجهات الحكومية ومؤسسات الأعمال والمواطنين. ويرجع تطور دور الحكومة في مجال التجارة الإلكترونية كأي نظام حديث، إلى الدور الذي لعبته قطاعات الأعمال في الاهتمام بالتجارة الإلكترونية عبر شبكة الإنترنت. وشجع اتساع الشبكات وتقنيتها الحكومة على التعامل مع تلك الشبكات وخلق لها دورا رائدا في تحقيق الشفافية الحكومية حتى أنها سميت بـ"الحكومة الإلكترونية" والتي تصل في نهاية تطبيقها إلى إمكانية تحويل التعاملات الحكومية مع مؤسسات الأعمال أو مع المواطنين إلى الصورة الإلكترونية المتكاملة في إطار من الشفافية المتكاملة والوضوح لكل ما يتم من إجراءات داخل دائرة صنع القرار الحكومي. (1)

ويعتمد الدور المتزايد للتجارة الإلكترونية في المجال الحكومي (G2G) على حقيقة أن الإدارة الحكومية تعمل في الواقع في أداء خدمات غير مادية، وأن جميع ما تقوم به من أعمال أو مهام، كتبادل الوثائق والمستندات أو إتاحة وتوفير المعلومات، يكون في إطار من الشفافية الكاملة والوضوح. وبدأت العديد من الحكومات والمؤسسات التنفيذية

1 - إبراهيم المنجي- عقد نقل التكنولوجيا (التنظيم القانوني لعقد نقل التكنولوجيا والتجارة الإلكترونية)- منشأة المعارف بالإسكندرية- 2002م-ص 284.

المختلفة في إتاحة كافة القوانين واللوائح الحكومية على الإنترنت، حتى يتأتى تحقيق الشفافية الحكومية من خلال الإتاحة الكاملة والمتساوية لكافة المعلومات المرتبطة بالقرارات والإجراءات الحكومية لكافة المؤسسات والمواطنين والمستثمرين.[1] وارتبط مفهوم الشفافية بين الحكومة ومؤسسات الأعمال بقضية مهمة هي قضية المشتريات الحكومية التي تمثل حجماً هائلاً من الإنفاق الحكومي الذي يمثل حجماً كبيراً من النشاط الاقتصادي لمؤسسات الأعمال.

ومع تزايد استخدام شبكة الإنترنت بوصفها أكبر شبكة ترتبط بها الشركات ومؤسسات الأعمال، أصبح من المناسب أن يتم الإعلان عن كافة المشتريات الحكومية على الشبكة وبالتالي تحقق غرضان أساسيان هما:-

أ- ضمان وصول الإعلان لكافة الشركات المتنافسة في الوقت نفسه من خلال البريد الإلكتروني.

ب- ضمان استمرارية الإعلان من خلال قدرة كافة المؤسسات من الدخول على موقع معلومات المشتريات الحكومية والاطلاع على صورة الإعلان كاملة في أي وقت ومن أي مكان.

وقد قامت العديد من المؤسسات الدولية، مثل البنك الدولي وبنك التعمير والأمم المتحدة، بالإعلان عن كافة مشترياتها وصفقات تنفيذ مشروعاتها على شبكة الإنترنت بأكثر من لغة مما يتيح لكافة

1– رأفت رضوان - المرجع السابق- ص 152.

الشركات في جميع أنحاء العالم القدرة على التنافس في هذه الصفقات.[1]

وامتد مفهوم التجارة الإلكترونية ليشمل التعاملات بين الجهات الحكومية وبين مؤسسات الأعمال والمواطنين (G2B &G2C) وذلك من خلال ميكنة الخدمات بصورة تحقق إمكانية الحصول على الخدمة دون الحاجة إلى الانتقال إلى مقر أداء الخدمة، وبالتالي يتم القضاء على جزء كبير من مشكلة سوء الأداء الحكومي. ويعتمد مفهوم المعاملات الحكومية إلكترونياً على عدة مفاهيم وذلك طبقاً لدرجة تعقد المستوى التكنولوجي بكل دولة، ويشمل ذلك إجراءات ومتطلبات الحصول على الخدمات الحكومية من خلال البوابات الإلكترونية لتلك الحكومات.

وفيما يتعلق بالتعاملات الإلكترونية الحكومية في المملكة العربية السعودية، فتولي حكومة المملكة اهتماماً كبيراً للتحول نحو التعاملات الإلكترونية الحكومية، وذلك لما تقدمه مفاهيم التعاملات الإلكترونية الحكومية من فوائد كبيرة للاقتصاد الوطني. حيث صدر الأمر السامي الكريم رقم 7/ب/33181 وتاريخ 1424/7/10هـ المتضمن وضع خطة لتقديم الخدمات والمعاملات الحكومية إلكترونياً من قبل وزارة الاتصالات وتقنية المعلومات. وللأهمية القصوى للتعاون في مجالات متعددة للتحول إلى مجتمع المعلومات تضافرت الجهود لتحقيق الأهداف المرجوة، وأنشأت وزارة الاتصالات وتقنية المعلومات في عام 1426 هـ (2005م) برنامج التعاملات الإلكترونية الحكومية (يسّر) بمشاركة كل من: وزارة المالية، وهيئة الاتصالات وتقنية المعلومات، وشكلت لجنة

ا- المرجع السابق.- ص155

إشرافية عليا مكونة من أصحاب المعالي وزير المالية ووزير الاتصالات وتقنية المعلومات ومحافظ هيئة الاتصالات وتقنية المعلومات. ويهدف هذا البرنامج إلى رفع إنتاجية وكفاءة القطاع العام وتقديم خدمات أفضل وأيسر للأفراد ولقطاع الأعمال، كما يهدف إلى زيادة عائدات الاستثمار وتوفير المعلومات المطلوبة بدقة عالية في الوقت المناسب.[1]

1 - http://www.saudi.gov.sa/wps/portal/yesserRoot/aboutEgovernment

المبحث الثالث
التنظيم القانوني للتجارة الإلكترونية

تطور حجم التجارة الإلكترونية تطوراً فاق كل توقعات الدراسات والبحوث والتنبؤات وأدى هذا التطور إلى محاولة وضع أنظمة قانونية تراعي الطابع الدولي والمردود الاقتصادي للتجارة الإلكترونية. فأنشأت الجمعية العامة للأمم المتحدة، لجنة الأمم المتحدة للقانون التجاري الدولي (الأونسيترال) وأسندت إليها ولاية تشجيع التنسيق والتوحيد التدريجيين للقانون التجاري الدولي بغية تنمية التجارة الدولية تنمية شاملة على أن تراعي مصالح كافة الشعوب والدول وتحديدا الدول النامية.

واعتمدت (الأونسيترال) توصية خاصة بالقيمة القانونية للسجلات الحاسوبية، وذلك بمنح مستخرجات الحاسوب قيمة قانونية في الإثبات، من أجل تأمين الضمان القانوني في سياق استخدام التجهيز الآلي للبيانات في التجارة الدولية على أوسع نطاق ممكن.[1]

واستكمالاً لجهد الأونسيترال الذي امتد منذ العام 1985م، تحول جهدها من البحث في القيمة القانونية للمستخرجات الحاسوبية إلى تنظيم موضوع التجارة الإلكترونية وذلك بموجب قانون نموذجي جرى وضعه واعتماده من قبلها عام 1996م، وتبنت الجمعية العامة للأمم المتحدة هذا القانون وأوصت بأن تولي جميع الدول اعتباراً لهذا القانون عندما ما تقوم

1 - في دورتها الثامنة عشرة عام 1985م. وهذه التوصية جرى إقرارها بموجب الفقرة 5(ب) من قرار الجمعية العامة 71/40 المؤرخ في11 كانون الأول/ ديسمبر 1985م

بسن قوانينها أو تنقيحها، وذلك بالنظر إلى ضرورة توحيد القوانين واجبة التطبيق على البدائل للأشكال الورقية للاتصال وتخزين المعلومات.[1]

واستكمالاً لدورها، وضعت الأونسترال القانون النموذجي بشأن التواقيع الإلكترونية لعام 2001م. كما أصدر البرلمان الأوروبي أيضاً توجية (Directive) بتاريخ 1999/12/13م حول "التواقيع الإلكترونية" وآخر بتاريخ 2000/6/8م حول "التجارة الإلكترونية" وهذان التوجيهان يكونان إطارا لقوانين الدول الأوروبية.

وصنفت منظمة التجارة العالمية (WTO) التجارة الإلكترونية في إطار سعيها إلى إيضاح طبيعتها وإطارها القانوني، ضمن مفهوم "الخدمات". وقد تقرر ذلك في التقرير الصادر عن مجلس منظمة التجارة الدولية الخاص بـ"التجارة في الخدمات" بتاريخ 1999/3/17م المقدم إلى المجلس العام لمنظمة التجارة الدولية (WTO) حيث ذهب التقرير إلى أن " تزويد الخدمات بالطرق التقنية يقع ضمن نطاق الاتفاقية العامة للتجارة في الخدمات (جاتس – GATS) باعتبار أن الاتفاقية تطبق على كافة الخدمات بغض النظر عن طريقة تقديمها.[2]

1- بموجب قرارها رقم 162/51 تاريخ 16 ديسمبر 1996م

2 - الجدير بالذكر أن اتفاقية الجات، هي الاتفاقية العالمية للتجارة والتعريفة المتعلقة بتحرير التجارة في البضائع، أما الجاتس فإنها الاتفاقية العالمية للتجارة في الخدمات، وقد أضيفت الأخيرة إلى اتفاقيات التجارة الدولية ضمن جولة الاورغواي الخاصة بالمفاوضات العالمية المتعلقة بتحرير التجارة الدولية والتي نتج عنها – أي الجولة - تأسيس منظمة التجارة العالمية (WTO) في 1994/4/15 لتبدأ العمل في 1995/1/1، وتعد الجات والجاتس إضافة إلى اتفاقية تربس الخاصة بالملكية الفكرية واتفاق فض المنازعات، الاتفاقيات الأربعة الرئيسة من بين اتفاقيات منظمة التجارة الدولية مضافا إليها مجموعة ملاحق واتفاقيات يبلغ مجموعها الكلي 28 اتفاقية. ومن هنا تخضع

=

وعلى الرغم من أن عنوان القانون النموذجي الذي جرى وضعه واعتماده من قبل الأونسيترال يشير إلى "التجارة الإلكترونية"، إلا أنه لم يقدم ضمن نصوصه أي تعريفا لهذا المصطلح. واستُخدم هذا المصطلح ليشمل "أي وسيلة إبلاغ إلكترونية" مثل التبادل الإلكتروني للبيانات والبريد الإلكتروني واستخدام الإنترنت، فضلاً عن استخدام التقنيات الأقل تطوراً والمتمثلة في النسخ البرقي والفاكس.(1)

يحتوى القانون النموذجي للتجارة الإلكترونية على سبعة عشر مادة موزعة على جزئيين، ينطبق الجزء الأول على التجارة الإلكترونية عموماً ويتناول الجزء الثاني مسائل محددة للتجارة الإلكترونية. تناول الفصل الأول "نطاق تطبيق القانون" بالإضافة إلى تعريف المصطلحات المستخدمة في التجارة الإلكترونية، حيث نصت المادة الأولى "على أنه ينطبق على أي نوع من المعلومات يكون في شكل "رسالة بيانات" مستخدمة في سياق أنشطة تجارية". وعرفت المادة الثانية (أ) "رسالة البيانات" على أنها "أي معلومات يتم إنتاجها أو إرسالها أو استلامها أو تخزينها بوسائل إلكترونية أو ضوئية أو بوسائل مماثلة، بما في ذلك النسخ البرقي".

=

عمليات تزويد الخدمة بالطرق التقنية إلى كافة نصوص اتفاقية التجارة العامة في الخدمات (الجاتس) سواء في ميدان المتطلبات أو الالتزامات، بما فيها الالتزام بالشفافية والتنظيم الداخلي المنافسة والدفع والتحويلات النقدية، دخول الأسواق، المعاملة الوطنية، والالتزامات الإضافية، هذا مع مراعاة " أن هناك حاجة لتحديد الموقف من عملية تسليم البضائع المنتجة بطرق تقنية ولتصنيف البضائع وذلك لتحديد ما إذا كانت هذه الأنشطة تخضع للاتفاقية العامة للتجارة في البضائع والسلع (جات – GAAT) أم لاتفاقية التجارة في الخدمات (جاتس – GATS)

1 - دليل تشريع القانون النموذجي - الفقرتين 7 ، 8 – منشورات الأمم المتحده-نيويورك- 2000م- ص18.

ويقوم القانون النموذجي على التسليم بأن "الإشتراطات القانونية" التي تُفرض على استخدام المستندات الورقية، كاشتراط "الكتابة والتوقيع والأصل" تشكل عائقا رئيسيا يحول دون استحداث وسائل الإبلاغ العصرية. ولدى إعداد القانون النموذجي نُظر بعين الإعتبار إلى إمكانية معالجة العوائق أمام استخدام وسائل التجارة الإلكترونية التي تطرحها تلك الإشتراطات، وعلى ذلك جاء الفصل الثاني مستعرضاً تطبيق الاشتراطات القانونية على رسائل البيانات حيث بدأ بتكريس مبدأ " الإعتراف القانوني بـ"رسائل البيانات"، ثم حدد كيفية استيفاء رسالة البيانات لشروط الكتابة والتوقيع وتقديم أصل المستند. وحددت أحكام القانون "الشروط" التي ينبغي أن تفي بها "رسالة البيانات" لكي يمكن اعتبارها مستوفية لمتطلبات "الكتابة والتوقيع والأصل". ووضعت أحكام القانون النموذجي في هذا الشأن انطلاقاً من مبدأ "التكافوء الوظيفي (Functional equivalence) بين رسائل البيانات الإلكترونية والمستندات الورقية بحيث يعطي القانون رسائل البيانات نفس "الوضع القانوني أو الحجية في الإثبات" الذي يُعطى للمستند الورقي إذا ما استوفت رسائل البيانات المعايير التي تؤكد أداءها لوظائف الاشتراطات الشكلية التقليدية للمستند الورقي بنفس درجة الأمن والموثوقية.

ويشتمل الفصل الثالث المعنون "إبلاغ أو تبادل رسائل البيانات" على عدة أحكام تتعلق بتكوين العقود الإلكترونية وصحتها وخصوصاً استخدام رسائل البيانات في التعبير عن الإيجاب والقبول، وتضمن هذا الفصل أيضاً نصوص تعالج مسائل إسناد رسائل البيانات إلى أصحابها ووقت ومكان إرسالها واستلامها.

الباب الأول

التعاقد الإلكتروني

الباب الأول
التعاقد الإلكتروني

لم تعد شبكة الإنترنت مجرد وسيلة لتبادل المعلومات والحصول عليها من شتى أنحاء العالم، بل أنها أصبحت وسيلة يتم من خلالها إبرام العقود بمختلف أنواعها. ونظرا إلى ما تتصف به من أنها شبكة مفتوحة يُسمح لأي شخص بالدخول إليها دون أي قيد أو شرط، باعتبارها وسيلة اتصال دولية عن بعد، يثير إبرام العقود عبرها العديد من المشكلات القانونية فيما يتعلق بالمسائل المتعلقة بأركان العقد وفقاً للقواعد العامة، ومن ذلك مسألة الإرادة التعاقدية من حيث التعبير عنها وتوافق إرادتي طرفي العقد. وحيث أن الرضا هو قوام العقد وأساسه، بما في ذلك التعاقد الإلكتروني، وحتى يقوم الرضا بالعقد، لابد من توافر إرادة متجهة إلى إحداث أثر قانوني وأن يخرجها صاحبها إلى العالم الخارجي بالتعبير عنها وأن تتطابق مع إرادة أخرى معبرا عنها بدورها.

وفيما يخص ركني العقد الآخرين، المحل والسبب، وهما ركنان مطلوبان ولازمان لقيام العقد في كل الحالات كغيره من صور التعاقد الأخرى لا يبدو أن الفقه قد وجد شيئا من الخصوصية في حال التعاقد الإلكتروني، فالمحل ينبغي أن يكون ممكنا ومشروعا ومعينا وغير مخالف للنظام العام والآداب، كما وأن السبب في التعاقد يلزم له بشكل خاص شرط المشروعية.[1]

1 - جمال النكاس – نظرية العقد في القانون الكويتي وملاءمتها لتنظيم التعاقد الإلكتروني – ندوة الجوانب التنظيمية والقانونية للاتصال الإلكتروني – وزارة العدل الكويت – (3-5) نوفمبر 2001م.

وتختلف النظم التشريعية والحضارية في نظرتها للعقود سواء في كيفية انعقادها أو في أحكامها وشروطها وآثارها، فقد كانت بعض القوانين الوضعية تشترط الشكلية في انعقاد العقد ثم تطورت إلى الرضائية بعد المرور بمراحل مختلفة. أما الشريعة الإسلامية فقد جعلت الرضا منذ البداية

هو الأساس في نشأة العقود بأي شكل ﴿ يَا أَيُّهَا الَّذِينَ آمَنُوا لَا تَأْكُلُوا أَمْوَالَكُم بَيْنَكُم بِالْبَاطِلِ إِلَّا أَن تَكُونَ تِجَارَةً عَن تَرَاضٍ مِّنكُمْ وَلَا تَقْتُلُوا أَنفُسَكُمْ إِنَّ اللَّهَ كَانَ بِكُمْ رَحِيمًا ﴾[1] أي بطيب نفس أي واحد منكم، وكما يقول الرسول صلى الله عليه وسلم « **إِنَّمَا الْبَيْعُ عَنْ تَرَاضٍ** »[2]. وقد مرت العصور السابقة

(1)2). وقد مرت العصور السابقة بأنواع مختلفة من أشكال انعقاد العقد كالبيع عن طريق الهاتف والفاكس والتلكس وغيرها، وها نحن نشهد في السنوات الأخيرة تطوراً هائلاً في وسائل الاتصال المختلفة، وخاصة التقنيات الإلكترونية التي دخلت جميع مجالات الحياة بما فيها المجال التجاري وظهر ما يسمي بالتسوق الآلي أو تجارة الإنترنت أو التجارة الإلكترونية التي ربطت العالم بعضه ببعض وألغت الحدود الجغرافية والوسائط المالية وأصبح بإمكان تاجر التجزئة أن يشتري مباشرة من المنتج والمستهلك أن يتسوق وهو في منزله.

وعند التعاقد الإلكتروني تقتضي مصالح الأطراف، شأنه شأن التعاقد العادي، التأكد من استجماع العقد لأركانه واستيفائه لشروط صحته ونفاذه، ولكن المشكلة التي تواجه أطرافه في هذا الشأن، تتمثل في أن قواعد القانون الحاكمة للعقود قد صيغت أحكامها على أساس جريان

1 - سورة النساء - آية 29.

2 - رواة أحمد في مسندة 563/3 وابن ماجة 737/2 .

التعاقد بأساليب تقليدية عبر أشكال أو دعامات ورقية حاملة لكتابة يدوية موثقة بتوقيع خطي، سواء بالإمضاء أو ببصمة الإصبع أو بصمة الختم، ومن ثم ثار التساؤل عن كيفية التحقق من استيفاء العقود الإلكترونية لتلك الاشتراطات التقليدية. وهكذا يبرز أول تساؤل حول مدى اعتراف القانون بـ"التعبير عن الإرادة" لغرض إنشاء عقد عبر بيئة إلكترونية أو عبر وسائل إلكترونية؟ وبإفتراض صلاحية التعبير عن الإرادة العقدية من خلال شبكات الاتصال، ينبغي التحقق من "صحة الإرادة وصدورها عن صاحبها" ذلك أن التعاقد من خلال شبكات الاتصال المفتوحة يجري بين غائبين وعبر وسائط لا تتيح في الغالب معرفة كل طرف لشخصية الطرف الآخر.

ولما كانت عقود التجارة الإلكترونية تبرم عن بعد، عبر وسائل آلية بين طرفين غائبين، فإن التساؤل الذي يمكن أن يُثار أيضا حول تحديد "زمان ومكان انعقاد العقد"، فهي مسألة وإن كان يوجد لها نظير في النظرية العامة للعقود التقليدية، إلا أن اختلاف القوانين المحتمل تطبيقها على العقود التي تبرم في الفضاء الإلكتروني يستوجب البحث في القواعد القائمة في قوانين الدول المحتمل انطباقها على التعاقد عن أكثرها استجابة لطبيعة العقود الإلكترونية، مما يقتضي كمسألة أولية فض تنازع الإختصاص المحتمل نشوبه بين قوانين ومحاكم الدول التي يجري التعاقد عبر فضائها. هاتان إذن مسألتان أخريان تستحقان البحث وهما زمان ومكان انعقاد العقد الإلكتروني، وتحديد القانون والمحكمة اللذين يثبت لهما الاختصاص التشريعي والقضائي على ذلك العقد.

وفي محاولـة للإجابـة علـي كـل هـذه التسـاؤلات وبعـد تنـاول ماهيـة العقـود الإلكترونية نستعرض ومن خلال المباحث اللاحقـة هـذه المسـائل والبحـث عـن حلولها في تجارب الدول والمنظمات المتخصصة.

الفصل الأول
عقود التجارة الإلكترونية

يطلق العقد في" اللغة" على عدة معان ترجع في مجملها إلى معنى الربط الذي هو نقيض الحل، يقال عقدت الحبل فهو معقود[1] فالعقد في أصل اللغة "الشد والربط". والعقد في "الاصطلاح القانوني" هو الاتفاق الملزم قانوناً، وهو ارتباط الإيجاب الصادر من أحد المتعاقدين بقبول المتعاقد الآخر على وجه يثبت أثره في المعقود عليه ويترتب عليه التزام كل منهما بما وجب عليه للآخر.

بالنسبة لعقود التجارة الإلكترونية فهي عقود لا تخرج في تركيبها ولا مضمونها عن هذا السياق، فالتجارة الإلكترونية في صورتها العامة عبارة عن طلبات بضاعة أو خدمات يكون فيها الطالب في مكان غير مكان المطلوب منه الخدمة أو البضاعة وتتم الإجابة بشأن توفر الخدمة أو البضاعة بواسطة الشبكة مباشرة. وقد يكون الوضع أن تكون البضاعة أو الخدمة معروضة على الشبكة، يتبعها طلب الخدمة أو طلب الشراء من الزبون ويتم التنفيذ خارج الشبكة في العالم المادي وهي المبيعات التي يكون محلها سلعاً ملموسة. في الحالة الأولى يتم إبرام العقد وتنفيذه كاملاً على الشبكة خصوصاً إذا تم سداد مقابل المبيع من خلال الشبكة أيضا، بينما في الحالة الثانية لم تكن الشبكة سوى وسيلة للتعاقد.

---

1 - انظر لسان العرب -ابن منظور-مطبوعات مطبعة بولاق- 309/9

وفي هذا المقام يُثار التساؤل الآتي: هل يمكن إبرام العقود عن طريق الإنترنت؟ ونقول إن هذا أمر جائز، فقد اعترف الفقه التشريعي الحديث بالعقود الإلكترونية واعتبرها من أهم أدوات التجارة الإلكترونية، لذا ينبغي التركيز في تعريفها على خصوصيتها التي تتمثل بصفة أساسية في الطريقة التي تنعقد بها، حيث أن العنصر المميز لها يتمثل، كما يدل اسمها، في أن إنجازها سواء من حيث تكوين العقد أو تنفيذه، يجري باستخدام تقنيات نقل بيانات التعاقد في إطار فضاء إلكتروني يدور في فلك شبكة من شبكات المعلومات والاتصال مثل "الإنترنت". (1)

وتعرف العقود الإلكترونية بأنها" اتفاق يتلاقى فيه الإيجاب بالقبول على شبكة دولية مفتوحة للاتصال عن بعد بوسيلة مسموعة مرئية، بفضل التفاعل بين الموجب والقابل". (2)

وتعرف أيضاً بأنها "المعاملات التي تتم في مجملها أو في جزء منها عن طريق المستندات الإلكترونية". ويعرف "المستند الإلكتروني" بأنه "أي معلومات أنشئت أو أرسلت أو استُلمت أو خُزنت بوسائط مغناطيسية أو ضوئية أو ذاكرة الحاسوب أو ميكروفيلم أو حاسوب أو مايكروفيش أو أي نظام أو جهاز مماثل. (3)

---

1 - د. أحمد شرف الدين – عقود التجارة الإلكترونية (تكوين العقد وإثباته) مطبوعات كلية الحقوق جامعة عين شمس 2000 م- ص 105.

2 - د. مجاهد ابو الحسن- خصوصية التعاقد عبر الإنترنت- دار النهضة العربية –القاهرة- 2000م-ص39.

3 - A digital contract is defined as a contract were either a part or whole of the transaction contains an electronic document,where as the general definition of electronic document is that it is any information generated, sent, received, or stored, in media, magnetic, optical, computer memory, microfilm, computer, generated microfiche or similar

واتجه الفقه الحديث إلى إعطاء العقود الإلكترونية حجية قانونية عن طريق إصدار تشريعات تنظيمية للتجارة الإلكترونية. حيث نص القانون النموذجي للتجارة الإلكترونية "الأونسيترال" في المادة الحادي عشرة على أنه " في سياق تكوين العقود، وما لم يتفق الطرفان على غير ذلك، يجوز استخدام رسائل البيانات للتعبير عن العرض وقبوله، وعند استخدام رسالة بيانات في تكوين العرض فإن العقد لا يفقد صحته أو قابليته للتنفيذ لمجرد استخدام رسالة بيانات لذلك الغرض".

وبالنسبة لنظام التعاملات الإلكترونية السعودي فهو لم يعرف العقد الإلكتروني ولكنه اعترف بصحته ونفاذيته، حيث جاء الفصل الثالث تحت عنوان "انعقاد التعامل الإلكتروني" ونصت المادة (2/10) من هذا الفصل على أن "العقد لا يفقد صحته أو قابليته للتنفيذ لمجرد أنه تم بواسطة سجل إلكتروني واحد أو أكثر([1])." مما يؤكد على امكانية إبرام العقد صحيحا ونافذا عبر الوسائل الإلكترونية الحديثة.

=

device- Scope Of Cyber Laws- Naavi, s Cyber Law College- (Certificate in Cyber Laws Course) – 9-22-2004- www.cyber laws.ترجمه الباحثة بتصرف.

1 - عرف نظام نظام التعاملات الإلكترونية السعودي "السجل الإلكتروني" بأنه " البيانات التي تنشأ أو ترسل أو تسلم أو تبث أو تحفظ بوسيلة الكترونية، وتكون قابلة للإسترجاع أو الحصول عليها بشكل يمكن فهمها".

المبحث الأول
التعبير عن الإرادة إلكترونيا

لا يرتبط أي شخص بعقد ما لم تتجه إرادته إلى إبرامه، كما أن القواعد العامة تتطلب لانعقاد العقد صدور الإرادة التعاقدية من شخص يتمتع بالأهلية المطلوبة حسب نوع التعامل، وأن تصدر منه وهو على بينه من نوع العمل القانوني الذي هو مقدم عليه من حيث طبيعته وشروط قبوله بحيث يصدر مطابقاً للإيجاب.

وقد يقال إنه يكفي لضمان صحة الإرادات العقدية التي يجري التعبير عنها عبر شبكات الاتصال الإلكترونية، الرجوع إلى القواعد العامة للعقود من حيث أركان وشروط صحة التقاء الإرادات العقدية، غير أنه من المحتمل أن تكون هذه النظرة غير صحيحة إذا أدركنا أن طبيعة الوسط الذي يجري من خلاله التعاقد الإلكتروني يمكن أن يؤثر بدرجة أو بأخرى على الاشتراطات القانونية التقليدية وفقا للقواعد العامة للعقود.(1)

ونشير إلى أن ما يعنينا هو الكشف عن مدى تأثير البيئة الإلكترونية التي تلتقي فيها الارادات العقدية على صحة تلك الإرادة ومن ثم مدى القبول الدولي والإقليمي للتعبير عن الإرادة إلكترونياً. بالإضافة إلى ما يتعلق بتوافر أهلية التعاقد لدى طرفا العقد الإلكتروني.

1- د. أحمد شرف الدين- عقود التجارة الإلكترونية (تكوين العقد وإثباته) - مرجع سابق - ص 21.

أولا:- إجازة التعبير عن الإرادة إلكترونياً

ينشأ العقد كقاعدة عامة في معظم قوانين الدول متى ما توصل طرفاه إلى اتفاق بشأن أحكامه الأساسية، وهو ما يتم في الغالب بتبادل التعبير عن إرادتين متطابقتين، ما لم ينص القانون الساري أو الاتفاق على أن تكوين العقد مرهون باتباع شكليات محددة كإفراغ الإرادة التعاقدية في صورة مكتوبة أو التوقيع الخطي على مستند العقد.[1]

غير أن التطور الحديث الذي لحق بوسائل الاتصالات ووسائط خزن المعلومات ألزم العديد من مشرعي الدول ومنظمات الأعمال الإقليمية والدولية بالتدخل لإقرار الواقع الذي فرضه استخدام شبكات الاتصالات في إبرام العقود، ومن ثم إجازة التعبير عن الإرادة العقدية بغير الوسائل التقليدية وهو ما يعني إقرار التعبير عن الإرادة عبر القنوات الإلكترونية مع فرض الحد الأدنى من الشروط اللازمة للتحقق من صحة التعبير عنها ونسبتها إلى صاحبها. وهكذا وجد مبدأ الرضائية تطبيقاً حديثاً له في عصر ثورة المعلومات والاتصالات بحيث يكون التقاء الإرادات إلكترونيا كافياً لإبرام العقد متى استوفى شرائط صحته بغض النظر عن وسيلة الاتفاق عليه.[2]

ومن هنا كانت انطلاقة التشريعات التي اعترفت بـ"رسالة البيانات" ومن ثم اعتمدتها كوسيلة للتعبير عن الإرادة التعاقدية. حيث اعترف القانون

---

1 - على سبيل المثال يعتبر قانون المعاملات المدنية السوداني لسنة 1984 (م 248) الكتابة شرطاً لانعقاد عقد الشركة. وكذلك القانون المدني المصري (507 / 1)

2 - د. أحمد شرف الدين- عقود التجارة الإلكترونية (تكوين العقد وإثباته) - مرجع سابق – ص110.

النموذجي للتجارة الإلكترونية الصادر من لجنة الأمم المتحدة للقانون التجاري الدولي "الأونسيترال" بـ"رسائل البيانات" ونص على أن "المعلومات لا تفقد مفعولها القانوني أو صحتها أو فاعليتها للتنفيذ لمجرد أن أفرغت في شكل رسالة بيانات".[1]

واعتمد القانون تبادل التعبير عن الإرادات من خلال "رسائل البيانات" سواء في التجارة المحلية أو التجارة الدولية عبر وسائط غير ورقية(2) وأقر صراحة ً استخدامها للتعبير عن الإرادة في المادة الحادية عشرة التي نصت على أنه " في سياق تكوين العقود، وما لم يتفق الطرفان على غير ذلك يجوز استخدام رسائل البيانات للتعبير عن العرض وقبوله"، وعند استخدام رسالة بيانات في تكوين العرض فإنه لا يفقد صحته أو قابليته للتعبير بمجرد استخدام رسالة بيانات لذلك الغرض.[3]

ويلاحظ أن القانون النموذجي لا يفرض على أطراف التعامل استخدام وسائل الاتصال الإلكترونية في التعبير عن الإرادة التعاقدية، حيث احتوى نص المادة أعلاة على عبارة "ما لم يتفق الطرفان على غير ذلك " مما يدل على إمكانية اختيارهما لأي وسيلة أخرى لإبرام العقد.

وجاء نظام التعاملات الإلكترونية السعودي منطلقاً من نفس المرجعية التشريعية وهي القانون النموذجي للتجارة الإلكترونية، ليؤكد على نفس

1 - دليل القانون النموذجي بند (42) - ص 29 .
2 - المادة(2 / أ) من قانون الأونسيترال النموذجي .
3 - المادة (5) من القانون النموذجي .

المبدأ الذي اعتمده القانون النموذجي وهو الإعتراف برسائل البيانات[1] ومن ثم اعتمادها كوسيلة للتعبير عن الإرادة عند التعاقد الإلكتروني، حيث جاء نص المادة (10) مشيراً إلى أنه "يجوز التعبير عن الإيجاب والقبول في العقود بواسطة التعامل الإلكتروني، وأن العقد لا يفقد صحته أو قابليته للتنفيذ لمجرد أنه تم بواسطة سجل إلكتروني واحد أو أكثر".

ثانياً:- توافر أهلية طرفا العقد: -

فيما يتعلق بأهلية طرفي التعاقد فإن حصول التعامل عن بعد عبر شبكات الاتصال الإلكترونية يعني جريانه بين غائبين، الأمر الذي يجعل من المحتمل عدم توافر أهلية المتعاقدين المطلوبة لصحة التعاقد. وعليه فإنه من المحتمل أن يجري التعاقد بين شخصين لا يتوفر لأحدهما أو كليهما الأهلية المطلوبة لصحة التعاقد وفقاً للقانون المحتمل تطبيقه، لذلك فإنه إذا أراد طرفي التعاقد وقوع التعاقد صحيحا فإنه يتعين عليهما التدقيق في مسألة الأهلية بأي وسيلة متاحة[2].

وعلى الرغم من أن كثيراً من التشريعات التي تناولت المعاملات الإلكترونية قد فرضت على طرفي التعاقد، أن يعرض كل طرف على الآخر بياناته الشخصية وعنوانه ومعلومات عن السلع والخدمات المعروضة إمعانا في حماية أطراف التعاقد إلا أن طبيعة الوسط الإلكتروني الذي يتعامل من خلاله أطراف العقد يمكن أن يترتب عليه أن يكون المتعاقد على الطرف الآخر شخص ناقص الأهلية القانونية. فإذا ما تعاقد شخص قاصر

---

1 - استخدم النظام السعودي مصطلح السجل الإلكتروني كمرادف لرسالة البيانات حيث عرفه بأنه البيانات التي تنشأ أو ترسل أو تسلم أو تبث أو تحفظ بوسيلة إلكترونية وتكون قابلة للاسترجاع أو الحصول عليها بشكل يمكن فهمها.

2 - د. أحمد شرف الدين- عقود التجارة الإلكترونية (تكوين العقد وإثباته) - مرجع سابق – ص125.

ناقص الأهلية (تحت سن الثامنة عشر) مع أي شخص آخر يمكن رد تعاقده إلى نوعين من العقود: -

1- عقود لا يجوز الحكم بإبطالها، مثل العقود البسيطة التي يبرمها عبر الإنترنت كشراء الكتب أو الأسطوانات والأطعمة.[1]

2- وعقود تخضع للأصل العام للعقود وهو الإبطال لمصلحة القاصر حتى ولو تضرر التاجر، كالعقود ذات القيمة الكبيرة مثل السيارات والشقق السكنية والعقارات وغيرها.

وفي العادة تطلب الكثير من المواقع على الإنترنت عند الشراء من الزبون توضيح بياناته الشخصية ورقم بطاقة الائتمان وإفادة تدل على أنه شخص راشد عند شرائه من موقعها، ولكن تكمن المشكلة في أن البيانات المطروحة على الشبكة قد لا تكون صحيحة، ولا يملك المتعاقد في هذه الحالة التحقق من البيانات التعريفية للمتعاقد الآخر وهو ما قد يؤثر على صحة التعاقد إذا اتضح فعلاً أن أحد المتعاقدين لا تتوافر لدية أهلية التعاقد. وحيث أن استخدام الوسائل الإلكترونية لدى الناشئة من صغار السن يثير الكثير من المشكلات فإنه لامناص من تطبيق الأحكام الخاصة بإبطال العقود التي يبرمها هؤلاء دون علم أولياء أمورهم، وفي جميع الأحوال فإن ضبط الأمور في هذا الشأن لا يكون إلا من خلال إنشاء جهات متخصصة للرقابة على عملية التداول الإلكتروني من خلال شفرة سرية وباستخدام وسائل تقنية متطورة وعلى رأسها ما يعرف بتقنية المفتاح المزدوج.[1]

1. Minors are allowed to avoid contracts they have entered into, unless the contract is one for necessaries. Necessaries are those things minor needs to live, such as food, clothing, shelter, & medical care." Ferrea Liechtenstein - Cyber Law (text and cases) - West Thomson Learning- USA-2001- p 102

1 - د. فايز عبد الله الكندري – دراسة بعنوان التعاقد عبر شبكة الإنترنت في القانون الكويتي – مقدمه إلى مؤتمر الأعمال المصرفية والإلكترونية بين الشريعة والقانون –دبي 10-15 مايو 2003- المجلد الثاني- ص599.

المبحث الثاني
الإيجاب والقبول في العقد الإلكتروني

الفرع الأول: الإيجاب الإلكتروني

يعرف الإيجاب بصفة عامة بأنه عرض جازم وكامل يوجهه شخص إلى شخص أو إلى أشخاص معينين، موضحاً رغبته في الالتزام بعرضه في حالة قبوله من الطرف الآخر.[1]

وتعتبر الملامح الرئيسية للإيجاب أن كل بنوده تكون بحاجة إلى القبول، على أنه في بعض الأحيان قد تبدو بعض الحالات كأنها إيجاب إلا أنها تعتبر مجرد دعوة للتعاقد، وعلى ذلك يجب التمييز بين مجرد الدعوة للتعاقد وبين الإيجاب إذ إن قبول الإيجاب ينتج عنه عقد قاطع بينما قبول الدعوة للتعاقد يعتبر مجرد إيجاب وبداية للدخول في عملية التفاوض.

ولما كان العقد في إطار التجارة الإلكترونية يندرج ضمن طائفة العقود التي تبرم عن بعد، فإن تعريف الإيجاب فيه يجب أن يتم في ظل تعريف الإيجاب في هذه العقود. ومن هذه التعريفات ما جاء به التوجية الأوروبي الخاص بحماية المستهلكين في العقود المبرمة عن بعد، حيث عرف الإيجاب بأنه "كل اتصال عن بعد يتضمن كل العناصر اللازمة، بحيث يستطيع المرسل إليه أن يقبل التعاقد مباشرة، ويستبعد من هذا النطاق مجرد الإعلان."[2] وبذلك يكون التوجية الأوروبي قد اشترط استيفاء الإيجاب

---

1 - An offer must be made to persons concerned, and sufficiently definite, and indicate the intention of the offeror to be bound in the case of the acceptance
المادة 14 من اتفاقية الأمم المتحدة بشأن عقود البيع الدولي للبضائع (اتفاقية فينا) لسنه 1980.

2 - تعليمات الإتحاد الأوربي رقم 7 لسنة 1997م

الإلكتروني لكل ما يجعله إيجابا واضحا محددا، شأنه شأن الإيجاب التقليدي بحيث يقبله المرسل إليه مباشرة.

ونقول أن الإيجاب الإلكتروني لا يعدو أن يكون أكثر من الإيجاب التقليدي إلا أن الوسيلة التي يقدم من خلالها هي التي اختلفت مع بقاء الجوهر نفسه. ونشير أيضاً إلى أن نظام التعاملات الإلكترونية السعودي قد أجاز التعبير عن "الإيجاب والقبول" بالوسائل الإلكترونية، حيث جاءت المادة (10) لتؤكد على أنه يجوز التعبير عن الإيجاب والقبول في العقود بواسطة التعامل الإلكتروني، وأن العقد لا يفقد صحته أو قابليته للتنفيذ لمجرد أنه تم بواسطة سجل إلكتروني واحد أو أكثر".

يمكن قراءة الإيجاب الإلكتروني من خلال ثلاثة فروع: أولها الإيجاب عبر البريد الإلكتروني وثانيها الإيجاب في حالة الاتصال بالكتابة المباشرة واخيراً الإيجاب عبر الشبكة المسموعة أو المرئية أو عبر المواقع.

أولاً: الإيجاب عبر البريد الإلكتروني:-

يحقق الإيجاب الذي يتم بواسطة البريد الإلكتروني ميزة استهداف العرض لأشخاص معينين، وذلك في الحالة التي يرغب فيها التاجر أن يخص بالإيجاب الأشخاص الذين يرى أنهم قد يهتمون بمنتجه دون غيرهم من أفراد الجمهور، فيجوز أن نشبهه بالسعي لإبرام العقد بواسطة البريد التقليدي طالما أن التاجر يرسل رسالته الإلكترونية إلى صناديق البريد الخاصة بهم، أما المرسل إليه فسيعلم بهذا العرض عندما يفتح صندوق خطاباته

الإلكتروني، واعتبارا من هذه اللحظة فقط تبدأ فعالية الإيجاب بحيث يكون للمرسل إليه الحرية في قبول العرض أو رفضه.[1]

ويكون الإيجاب في هذه الحالة إما من شخص لآخر تحديداً وإما من شخص لعدة أفراد في آن واحد. فإذا كان الإيجاب موجهاً إلى موجب إليه محدد فإن هذه الحالة تتطابق مع الإيجاب الصادر من الفاكس أو من البريد العادي أو عبر البرقية، حيث يكون الموجب في الإيجاب التقليدي بحاجة إلى فترة زمنية فاصلة لإستلام الإجابة. أما فيما يخص الإنترنت فإن الفارق الزمني بين التصدير والتسلم لا يكاد يكون محسوساً، والفرض الذي قد يُطرح ليس هو وجود فارق زمني بينهما، ولكن المتصور هو عدم تسلم الرسالة الإلكترونية بسبب فني مثلاً.[2]

ثانياً:- الإيجاب في حالة الاتصال بالكتابة المباشرة:-

وفي هذه الحالة يقترب الإيجاب كثيراً من الإيجاب عبر التلكس الحديث الذي يوفر الاتصال المباشر في إيجابه وقبوله، حيث يمكن أن يرد القبول فور صدور الإيجاب ونكون هنا أقرب إلى مجلس العقد الحقيقي ولا نخرج عن القواعد العامة التي تنص على أن المتعاقدين بالخيار بعد الإيجاب وقبل القبول، وإنه إذا صدر من أحد المتعاقدين قول أو فعل يدل على الإعراض يبطل الإيجاب ولا عبرة بالقبول الواقع بعد ذلك. ويمكن أن نتصور هنا وأنه أثناء تبادل الإيجاب في حالة الاتصال المباشر أن يقوم الموجب له بإغلاق جهاز

1 - أسامة أبو الحسن مجاهد- خصوصية التعاقد عبر الإنترنت- مرجع سابق- ص70.
2 - محمد بلال الزغبي – الحاسوب والبرمجيات الجاهزة – دار وائل للطباعة – عمان – الطبعة الثاثه –1999 ص 40.

الكمبيوتر أو بإعطاء إشارة إلى أنه انتقل إلى موقع جديد غير موقع الموجب، فيكون الموجب له قد قام بفعل دل على الإعراض فأبطل الإيجاب.[1]

ثالثاً :- الإيجاب عبر شبكة المواقع Websites :-

لا يختلف الإيجاب عبر شبكة المواقع كثيرا عن الإيجاب الصادر عبر الصحف أو التلفاز أو عبر الشاشات الموضوعة في الساحات والطرقات العامة، ذلك أنه إيجابا مستمرا على مدار الساعة والأغلب أنه يكون موجه إلى الجمهور وليس إلى فرد وذلك أن الإيجاب الصادر عبر شبكة المواقع يكون موجها إلى العامة من بيع أو تأجير أو عقد عمل أو إعلان عن مزايدة، وعادةً لا يكون محدد بزمن وإن كان محدد أحيانا بنفاذ الكمية أو مدة معقولة كما في الإيجاب التقليدي، وفي مثل هذه الحالات يكون الإيجاب كاملاً إذا استكمل شروطه العامة، ويكون السؤال هو هل يعتبر هذا الإيجاب ملزما إذا تم قبوله من أي طرف آخر أم أنه يعتبر مجرد دعوة للتعاقد؟

يمكن القول أن التعامل مع الإعلان على الويب يمكن أن يكون بنفس الأسلوب الذي يعامل به نظيره في الواقع أو في الحياة العادية، حيث يكون الإعلان على الويب أقرب إلى عرض البضائع في المتاجر منه إلى الإعلان في المجلات أو في التلفاز بسبب تفاعلية مواقع الويب، حيث أنه يمكن على الويب فحص البضائع افتراضيا حتى أن بعض البضائع كالبرمجيات مثلا، يمكن أن تسمح بتجريب المنتج ومن ثم طلب الشراء مباشرة قبل مغادرة المتجر الإفتراضي.

1 - أحمد خالد العجلوني –التعاقد عن طريق الإنترنت (دراسه مقارنة) -الدار العلمية الدولية للنشر والتوزيع ودار الثقافة للنشر والتوزيع- الطبعة الأولى- 2002- ص 16.

وإلى هذا ذهب المركز الأمريكي لتسهيل الإجراءات والتطبيقات الإدارية للتجارة والنقل[1] فقد نصت المادة (2/1/3) من اتفاقية التجارة الإلكترونية والتي تطبق على العقود الإلكترونية على أن "الرسالة الإلكترونية المتاحة للكافة، ما لم يتم الإشارة فيها إلى خلاف ذلك، لا تعتبر إيجابا، وأن الإيجاب يجب أن يوجه إلى أشخاص محددين وأن يكون قاطعاً يوضح نية مرسله في الالتزام به في حالة قبوله".

وقد تُثار في حالة الإيجاب الموجه للعامة مشكلة "نفاذ المخزون" إذا قبل العرض عدد كبير من مستعملي الشبكة، إذ أن التاجر قد لا يستطيع تسليم الخدمة أو البضاعة إلى كل من قبل العرض في حالة نفاذ مخزونه منها، ولذلك اعتبر القانون أن الإعلانات والصحف وجداول الاستعلامات والعروض التجارية تعتبر بمثابة إعلان وليست إيجاباً ملزماً(2) فعندما يعلن البائع عن سلعة للبيع على موقع في الشبكة فإنه لا يقدم عرضا ولكنه يدعوا إلى عروض من المشتريين المحتملين، فإذا كان الإعلان على الشبكة عرضا قانونيا، فيمكن بسهولة أن يكون البائع مسؤولا عن تسليم بضائع أكثر مما هو متاح عنده للشحن، وعندما يقدم المشتري طلبا(هو حينئذ العرض) فالبائع يمكنه حينئذ رفض هذا العرض أو قبوله وعندها ينشأ بينهما عقد.[3]

---

1 -United Nation Center for Facilitation of procedures and practices for Administration ,commerce and transports trade U N / CEFACT)

2 - An advertisement on an internet web page dose not constitutes an offer. If it did, the merchant might not be able to deliver the promised property or services if too many people were to accept. Recognizing this, the law treats advertisements, news letters, quotation sheets, merchandise display and the like as international notice rather than offers. Ferreral , chtensteian – cyber law – text and cases – P 95

3 - د. طارق عبد العال حماد-التجارة الالكترونية (المفاهيم ،التجارب، التحديات) الدار الجامعية للطباعة- 2002م - ص 655

الفرع الثاني القبول الإلكتروني

القبول هو تعبير إيجابي صريح يصدر من متلقي العرض ويبين فيه نيته للدخول في عقد حسب البنود الواردة في العرض، ولا يدخل العقد حيز التنفيذ إلا عند قبول العرض.[1] وليتحقق هذا الأثر في انعقاد العقد لابد من مطابقة القبول للإيجاب مطابقة تامة، وإن تباين القبول عن الإيجاب اعتُبر إيجاباً جديداً وليس قبولاً.

قد يعبر عن القبول صراحة أو ضمنا، ويكون القبول صريحاً إذا تضمن الرضا الصريح بإبرام العقد كأن يرسل القابل بطريق التلكس أو الفاكس مثلاً رسالة يرد فيها صراحة بأنه قد قبل الإيجاب، فيكتب في الرسالة بأن "عرضكم وتاريخه كذا مقبول". ويكون القبول ضمنيا إذا قام القابل بعمل أو تصرف يفيد الموافقة على الإيجاب دون أن يرد عليه صراحة بلفظ القبول، كأن يقوم القابل بإرسال البضاعة إذا كان بائعا أو يرسل الثمن أو جزء منه إذا كان مشترياً.

وعند التعاقد عبر شبكات الاتصال الإلكترونية تثار التساؤلات حول كيفية تعبير القابل عن قبوله، وهل تعد اللمسة أو الضغطة على مفتاح الموافقة تصرفاً قانونيا دالاً على القبول، إذ أن من المتصور أن تكون اللمسة قد حدثت عفواً أو بدلاً من اللمسة التي كانت تستهدف أمراً آخر يقصده مستعمل الإنترنت.؟

---

1 -An acceptance is a positive and unequivocal expression of a offeree's intention to enter into a contract on the terms set out in the offer. Only when an offer is accepted does a contract come into existence. Ferreira Liechtenstein –Cyber law (text and cases)- P 96

وببحث آلية التعبير عن القبول بواسطة شبكة الإنترنت نجدها تتـأتى بإحدى طريقتين: إما من خلال موقع العرض نفسه بأن يقوم القابل بإدخال البيانات الخاصة بالعقد المعروض على الشاشة ودفع ثمن المبيع بعد النقر على المفتاح الخاص بالقبول (I accept) أو أن يتم التعبير عن القبول بواسطة البريد الإلكتروني.

وفي القبول الإلكتروني لا تُشترط شكلية معينة للتعبير عن القبول، فإذا قُدم الإيجاب بواسطة البريد الإلكتروني يمكن قبوله بنفس الوسيلة أو بأي وسيلة أخرى، وإذا تم تقديمه بأي وسيلة أخري غير البريد الإلكتروني فليس بالضرورة إرساله بنفس وسيلة الإيجاب بل يمكن أن يتم القبول عن طريق البريد الإلكتروني[1].

لم يحدد نظام التعاملات الإلكترونية السعودي أن القبول الإلكتروني يجب أن يتم بنفس الوسيلة التي جاء بها الإيجاب الإلكتروني تاركاً بذلك الحرية للقابل في التعبير عن قبوله بأي وسيلة من الوسائل الأخرى. واشارت المادة (3/13) إلى أن الإقرار بالتسلم، يكون في الأصل بالشكل الذي يتفق عليه المنشئ مع المرسل إليه[2] وفي حال عدم الإتفاق يكون الإقرار بالتسلم بأي شكل من الأشكال التي تحددها اللآئحة المنظمة لهذا القانون.

1 - Thus, if an offer is made by e-mail, one should be able to accept it by the same means. But what if the offer was made by some other method, such as letter or fax? An acceptance does not necessarily have to be sent the same way as the offer. See e.g. Market Development Corp. v. Flame-Glo Ltd., 1990 WL 116319 (E.D. Pa. August 8, 1990) (a mailed offer may be accepted by fax).

2 - المادة (3/13) يكون الإقرار بالتسلم بأي شكل من الأشكال التي تحددها اللآئحة، ما لم يتفق المنشئ مع المرسل إليه على تحديد هذا الشكل.

وفي الجانب الآخر فقد ذهبت بعض التشريعات إلى خلاف ذلك ،على سبيل المثال، القانون الموحد لمعاملات المعلومات الأمريكي (Uniform Commrecial Cod) قد ألزم القابل بالقبول بنفس طريقة وصول الإيجاب إليه، وذلك من خلال نص المادة (2/206) التي جاء فيها أن " التعبير عن الإرادة في القبول يتم بذات طريقة عرض الإيجاب، وبالتالي فإن كان القابل قد تلقى الإيجاب عن طريق الموقع الإلكتروني، وجب عليه في حال أن قبل التعاقد التعبير عن ذلك عبر ذات الموقع وإن كان قد تلقى الإيجاب عبر رسالة إلكترونية فلا يكون التعبير في القبول إلا بذات الوسيلة، وهي البريد الإلكتروني".

المبحث الثالث
زمان ومكان انعقاد العقد الإلكتروني

تعتبر مشكلة تحديد زمان ومكان انعقاد العقد من أهم المشاكل القانونية التي يثيرها التعاقد عن طريق شبكات الاتصال الإلكترونية، حيث يعيدنا الطابع الإلكتروني للتعاقد عبر شبكات الاتصال المفتوحة، للمسألة التي أثيرت في النظرية العامة للعقود وما تقوم عليه من التفرقة في التعاقد بين حاضرين والتعاقد بين غائبين. ويرتكز معيار التمييز بينهما فيما إذا كان يوجد فاصل زمني بين صدور القبول وعلم الموجب به أو لا يوجد، فإذا كان هنالك فاصل زمني كنا بصدد تعاقد بين غائبين وإذا لم يوجد ذلك الفاصل الزمني كنا بصدد تعاقد بين حاضرين حيث يعلم الموجب بالقبول فور صدوره.

ونظراً لما تتمتع به العقود المبرمة بواسطة الإنترنت من الصفة التفاعلية التي تسمح بحضور إفتراضي معاصر للمتعاقدين، فإن البعد المكاني بين الموجب والقابل يظل واقعا مؤثراً لا يمكن إنكاره، وخاصةً فيما يتعلق باعتبار العقود المبرمة عبر الإنترنت من العقود المبرمة عن بعد، أي العقود التي تتم بين غائبين لا يجمعهما مجلس واحد ومن ثم وجب تطبيق الأحكام الخاصة بهذا النوع من التعاقد وعلى الوجه الأخص فيما يتعلق بتحديد مكان وزمان إبرام العقد.[1]

وسيراً وراء الفقه التقليدي في تحديد زمان انعقاد العقد في التعاقد بين الغائبين وبالرغم من أهمية ذلك التحديد، إلا أنه لا يوجد اتفاق على هذا ا

1 - د. فايز عبد الله الكندري – التعاقد عبر شبكة الإنترنت في القانون الكويتي – مرجع سابق.

لأمر بين الفقهاء ولا بين التشريعات المختلفة. وقياسا على النظريات التقليدية، ذكر البعض أنه عند محاولة تحديد زمان انعقاد العقد الإلكتروني بواسطة الإنترنت من المتصور أن نأخذ في الاعتبار أربع لحظات[1]:-

*لحظة إعلان القبول:- أنصار نظرية إعلان القبول يقولون أن نظريتهم هي التي تطبق على القواعد العامة، إذ أن العقد هو توافق ارادتين فمتى أعلن الطرف الآخر قبوله للإيجاب المعروض عليه، فقد توافقت الارادتان وتم العقد ولا معنى لتأخير تمامه إلى ما بعد ذلك. ويضيفون أن نظريتهم تتفق مع مقتضيات الحياة التجارية من وجوب السرعة في المعاملات، حيث تمكن تاجراً، عُرض عليه أن يشتري بضاعة من التعامل في البضاعة المعروضة له بمجرد إعلان قبوله.[2]

وفي التعاقد عن طريق الحواسب الآلية فإن لحظة إعلان القبول هي اللحظة التي يحرر فيها القابل رسالة إلكترونية تتضمن القبول، لو كان القبول قد تم عن طريق البريد الإلكتروني، أو اللحظة التي يضغط فيها القابل على الأيقونة المخصصة للقبول. وإذا اعتبرنا أن هذه اللحظة هي إحدى اللحظات المقترحة لانعقاد العقد فإن الأخذ بها سوف يواجه صعوبة بشأن الإثبات، طالما أنه لن يكون للقبول الصادر من القابل وجود إلا على جهاز

---

1 - عبد الرازق السنهوري، الوسيط، نظرية العقد، شرح القانون المدني النظرية العامة للالتزام، دار الفكر بيروت ص 203 وما بعدها. - راجع بصفة عامة النظريات التي قيلت لتحديد لحظة القبول أي لحظة انعقاد العقد في التعاقد بين غائبين أو بالمراسلة.

2 - عبد الرازق السنهوري -المرجع السابق- ص 294.

الكمبيوتر الخاص به، ولذلك سيكون من الصعوبة بمكان أن يثبت الموجب أن القابل قد حرر الرسالة التي تتضمن القبول ولم يرسلها.[1]

*__لحظة تصدير القبول:-__ هي اللحظة التي يصدر فيها القبول من القابل وينفصل عنه بحيث يفقد القدرة في الرجوع عنه. وبقياس ذلك على الإنترنت فستكون لحظة انعقاد العقد هي اللحظة التي تلي النقر على مفتاح القبول، حيث ينفصل القبول عن إرادة القابل ولا تعد له القدرة في السيطرة عليه أو الرجوع عنه.

ومن الوهلة الأولى سيتبادر إلى الذهن بعض اللبس بين لحظتي إعلان القبول وتصدير القبول بواسطة الإنترنت، ذلك أن لحظة النقر على مفتاح القبول تتساوى معها لحظة إصداره إذ سيفقد القابل قدرته على الرجوع عن قبوله. وفي محاولة للفصل بين المرحلتين، نشير إلى أنه يمكن للقابل إعلان قبوله وعدم إصداره، وذلك بالنقر على مفتاح التوقف (Stop) الموجود في أعلى الشاشة الإلكترونية، أو بخروجه من الموقع نهائيا بعد النقر على مفتاح القبول، حيث أن القبول في هذه الحالة لن يخرج عن سلطة القابل وسنبقى في مرحلة إعلان القبول.

إلا أن هذا التحديد يبدو فيه بعض الغموض إذ لا يتصور في تقنية الإنترنت تصدير القبول دون تسلمه، فالتصور التقليدي السابق يعني أن هنالك فارقاً زمنياً بين تصدير القبول وتسلمه في حالة البريد التقليدي، أما فيما يخص الإنترنت فإن الفارق الزمني بين التصدير والتسلم لا يكاد يكون محسوساً، والفرض الذي قد يُطرح ليس هو وجود فارق زمني بينهما، ولكن المتصور

1 - د. أسامة أبو الحسن مجاهد – مرجع سابق- ص 91 .

هو عدم تسلم الرسالة الإلكترونية بسبب فني مثلاً مما يعني أيضاً أن الإرسال لم يتم هو الآخر، بمعنى أن الرسالة التي تتضمن القبول مازالت حبيسة جهاز الكمبيوتر الخاص بالقابل وبذلك فإننا نظل في نطاق إعلان الإيجاب دون إرساله أو تصديره وليس في نطاق تصديره دون تسلمه، وهو مادفع بعض الفقه إلى القول بأن كل ما يقال في هذا الشأن في القانون التقليدي عن وجود فاصل زمني بين التصدير والوصول هو على وشك الاندثار، لأنه لا يوجد على الإنترنت هذا التفاوت في الزمن بين الإيجاب والقبول فالتصرفات الإلكترونية تصرفات عن بعد ولكنها فورية ومعاصرة.[1]

* **لحظة تسلم الموجب للقبول:-** وهي اللحظة التي يتسلم فيها الموجب القبول وإن لم يعلم به. وفي المراسلة الإلكترونية يكون ذلك عندما تدخل الرسالة الإلكترونية المتضمنة للقبول صندوق الموجب الإلكتروني، ويعتبر وصول القبول قرينة دالة على علم الموجب بالقبول حتى ولو لم يعلم به.

* **لحظة علم الموجب بالقبول:-** يشترط أنصار هذه النظرية لتمام العقد أن يعلم به الموجب، شأن كل إرادة يراد لها أن تنشئ أثرا قانونيا، فلا يترتب عليها أثر إلا إذا علم بها من هي موجهه إليه. ومثال ذلك في التراسل الإلكتروني عندما يفتح الموجب صندوق خطاباته الإلكتروني ويطالع الرسالة التي تتضمن القبول.[2] وعلى ذلك يعد العقد المبرم عبر الإنترنت قد

---

1 - د. أسامة أبو الحسن مجاهد - مرجع سابق- ص 92.

2 - قانون المعاملات السوداني المادة (26) ، القانون المدني المصري المادة (19) - القانون المدني الكويتي المادة (49) , يعتبر التعاقد بالمراسلة قد تم في الزمان والمكان الذين يتصل فيهما القبول بعلم الموجب ، مالم يتفق علي غير ذلك أو يقضي القانون أو العرف بخلافه " .

تم في الزمان والمكان الذين يتصل بهما القبول بعلم الموجب بحسب الأصل العام. إلا أن الصعوبة في التطبيق تكمن هنا في تحديد مكان استلام القبول حيث يستدعي الفقه الربط بين زمان العلم بالقبول ومكانه، حيث ينعقد العقد في المكان والزمان اللذين يوجد فيهما الموجب وقت علمه بالقبول، والعالم الإفتراضي لا يقوم على وجود فعلي في مكان محدد.

وبإستقراء الحالات السابقة يمكن القول أنه وعلى الصعيد الوطني ليس من الصعب تبني أي من هذه اللحظات في مجال التجارة الإلكترونية، إلا أن المشكلة التي ستثور هي أن التجارة الإلكترونية تباشر كثيرا على النطاق الدولي الأمر الذي سيؤدي إلى احتمال التداخل بين العديد من القوانين، حيث أشارت دراسة لمؤتمر الأمم المتحدة للتجارة والتنمية (الأونكتاد) إلى أن اختلاف قوانين الدول المحتمل تطبيقها على هذه المسألة، يشكل عقبة أمام ازدهار التجارة الإلكترونية التي يفترض أن يرتب أطرافها مواقفهم ويحددوا حقوقهم والتزاماتهم في ضوء قانون يكون معروفاً لهم.(1)

وفي هذا الصدد فقد بذلت محاولات عديدة لوضع قواعد تشريعية يحتمل أن يترتب على اعتناقها من قبل الدول تنظيماً للتعاقد عبر شبكات الاتصال الإلكتروني، حتى يكون أطراف الاتصال على بينه قبل التعاقد من التبعات أو الآثار القانونية المترتبة على التعاقد عبر شبكات الاتصال الإلكتروني. فيما يلي نتناول ما قام به القانون النموذجي للتجارة الإلكترونية في هذا الشأن بخصوص تحديد زمان ومكان التعاقد.

1 الأونكتاد - التجارة الإلكترونية - اعتبارات قانونية - النسخة العربية للوثيقة المؤرخة / 1998/5/15- بند 164.

زمان ومكان إرسال واستلام رسائل البيانات في القانون النموزجي:-

بالرغم من أن واضعي القانون النموذجي كانوا على بينه من الأهمية المرتبطة بتحديد زمان ومكان انعقاد العقد من خلال الرسائل الإلكترونية، إلا أنهم آثروا ترك تلك المسألة للقوانين الوطنية المنطبقة على العقد على أساس أن تدخلهم بالتنظيم يمكن أن يمس القانون الوطني الساري على إنشاء العقود.

واستعاض القانون النموذجي عن تحديد زمان ومكان انعقاد العقد بتنظيم "زمان ومكان إرسال واستلام رسائل البيانات" وذلك في المادة (15) والتي جاءت بعنوان "زمان ومكان إرسال واستلام رسائل البيانات" والتي تنص على أنه "ما لم يتفق المنشئ والمرسل إليه على خلاف ذلك، يقع إرسال رسالة البيانات عندما تدخل نظام معلومات لا يخضع لسيطرة المنشئ، أو سيطرة الشخص الذي أرسل رسالة البيانات نيابة عن المنشئ".

وعليه فقد اعتبر القانون أن وقت "إرسال رسالة البيانات" الصادرة عن المنشئ- وهي الإيجاب في عقد التجارة الإلكترونية- هو وقت دخولها نظاماً للمعلومات خارج سيطرة المنشئ، المرسل، مثل النظام التابع للوسيط أو النظام التابع للمرسل إليه، تماما كما يتم تصدير الإيجاب في رسالة عبر برقية أو خطاب جرى تصديره فعلا أو فاكس تم إرساله(1) فطالما خرجت الرسالة الإلكترونية عن السيطرة فقد دخلت في زمن "الإرسال" بوصف أن الإيجاب قد أعلن وخرج من الموجب إلى الشخص الموجه إليه، هذا عن المنشئ أو الموجب في العقد الإلكتروني.

1 - الدليل المرافق للقانون النموذجي بند 101- ص53

أما وقت "استلام رسالة البيانات" من قبل من وجهت إليه وهو الطرف الثاني أو المرسل إليه في عقد التجارة الإلكترونية، فإن القانون النموذجي قد نص في المادة (2/15) على أنه:-

"ما لم يتفق المنشئ والمرسل إليه على غير ذلك، يتحدد وقت استلام رسالة البيانات على النحو التالي:-

أ/ إذا كان المرسل إليه قد عين نظام معلومات لغرض استلام رسائل البيانات يقع الإستلام على النحو التالي:-

وقت دخول رسالة البيانات نظام المعلومات المعين، أو

وقت استرجاع المرسل إليه لرسالة البيانات، إذا ارسلت رسالة البيانات إلى نظام معلومات تابع للمرسل إليه، ولكن ليس هو النظام الذي تم تعيينه.

ب/ إذا لم يعين المرسل إليه نظام معلومات، يقع الاستلام عندما تدخل رسالة البيانات نظام معلومات تابعاً للمرسل إليه.

وعليه يفرق القانون النموذجي بين وضعين: الأول حيث يعين أو يحدد المرسل إليه نظام معلومات لتلقي الرسائل الإلكترونية الواردة إليه، ففي هذه الحالة يتحدد وقت الاستلام أو التلقي بوقت دخول الرسالة إلى موقع هذا النظام المعلوماتي المعين. هذا من ناحية ومن ناحية أخرى قد يقوم المرسل إليه باستخراج ذات الرسالة من نظام معلوماتي آخر تابع له ويخصه هو دون غيره ولكن ليس هو النظام المحدد أو المعين لاستلام هذه الرسالة، فالوقت

الذي دخلت فيه الرسالة في النظام الأول، ووقت استخراجها من النظام الثاني هو الوقت الذي يعول عليه في استلام الرسالة وعلم المرسل إليه بها.[1]

أما الوضع الثاني فهو يقع إذا لم يعين المرسل إليه نظام معلومات لتلقي الرسالة. ففي هذه الحالة يتحدد وقت استلامها بوقت دخولها إلى أي نظام معلومات تابع له سواء كان له علاقة باستلام الرسائل أم لا، وأياً كان النشاط الذي يتعلق به هذا النظام، المهم أنه تابع للمرسل إليه، كما لو تعلق بنظام أرشفة إلكترونية لتخزين بيانات خاصة به أو بموقعة على الإنترنت وكذلك ببريده الإلكتروني وغيرها من النظم التي يحتاجها من يعمل في نطاق التجارة الإلكترونية. ونلاحظ أن القواعد التي وضعها القانون النموذجي بشان تحديد وقت إرسال رسائل البيانات ووقت تلقيها تعتمد على فكرة دخولها نظام المعلومات.[2]

وبالنسبة لمسألة زمان إرسال واستلام رسالة البيانات في نظام التعاملات الإلكترونية السعودي فقد نصت المادة الثالثة عشرة على أن " السجل الإلكتروني يعتبر قد أرسل عندما يدخل منظومة بيانات لا تخضع لسيطرة المنشئ، وبذلك يكون النظام السعودي قد نهج نفس منهج القانون النموذجي فطالما خرجت الرسالة الإلكترونية عن السيطرة فقد دخلت حينئذ في زمن الإرسال، وتوضح اللآئحة المرافقة للنظام المعايير الفنية لمنظومة البيانات

---

1 - م(2/15 " من القانون النموذجي. كما إذا حدد مرسل العرض ، عنوان بريد إلكتروني في عنوان الموقع مثلا ، يجب أن يرسل إليه القبول . فإذا أرسلت الرسالة إلى غيره فان وقت استلامها يتحدد بوقت استخراج المرسل إليه الرسالة من ذلك العنوان.

2 - تدخل رسالة البيانات نظام المعلومات في الوقت الذي تصبح فيه متوفره للمعالجه داخل ذلك النظام، سواء أكانت رسالة البيانات التي تدخل نظام المعلومات مفهومه أو قابلة للإستعمال من جانب المرسل إليه أم لا فهذا أمر يخرج عن نطاق القانون النموذجي- بند(103)- ص 54.

وطريقة تحديد وقت ومكان إرسال السجل الإلكتروني أو تسلمه، وأنه ما لم يتفق المنشئ مع المرسل إليه على تحديد شكل الإقرار بالتسلم، فإنه يكون بأي شكل من الأشكال التي تحددها اللآئحة".

وحيث أن قانون التجارة الإلكترونية النموذجي لم ينص على لحظة انعقاد العقد الإلكتروني، وحيث أن تبني كل من الدول المتوقع تعاملها مع التجارة الإلكترونية للحظة إنعقاد العقد الإلكتروني قد تختلف عن غيرها من الدول وما قد يثيره ذلك من إختلاف وتنازع في القوانين المحتمل تطبيقها على المنازعات التي قد تنشأ عن هذه التجارة، فقد ترك القانون النموذجي للأطراف الحرية عند التعامل الإلكتروني في تحديد وقت استلام القبول، عندما نص في الفقرة (2) من المادة (15) على أنه "مالم يتفق المنشئ والمرسل إليه على غير ذلك، يتحدد وقت استلام رسالة البيانات على النحو التالي....الخ.." وهو ما يتماشى وطبيعة التجارة الإلكترونية وانتشارها الواسع والذي سيتحقق معه اليقين المسبق للمتعاقدين عن وقت إبرام العقد وترتيب آثاره القانونية على اطراف التعاقد.

وبالنسبة لـ"مكان إرسال رسالة البيانات" ومكان "تلقيها أو استلامها" فلا يزال مكان إبرام العقد الإلكتروني محل جدل، فهل هو محل إقامة المستهلك أم محل تسجيل الموقع الإلكتروني أم المكان الذي استلم فيه الموجب القبول؟ إلا أن قانون الأونسيترال النموذجي قد حسم ذلك في المادة (4/15) حيث نصت على أنه:-

"مالم يتفق المنشئ والمرسل إليه على غير ذلك، يعتبر أن رسالة البيانات أرسلت من المكان الذي يقع فيه مقر عمل المنشئ، وأنها استلمت في المكان الذي يقع فيه مقر عمل المرسل إليه".

فالقاعدة إذن هي أن اتفاق المنشئ والمرسل إليه على مكان إرسال واستلام الرسالة هو الذي يسري دون غيره، ومع ذلك قد لا يتفقا، وعندها اعتبر القانون النموذجي أن مكان إرسال رسالة المنشئ - الإيجاب- هو مقر عمل المنشئ وأنها استلمت كذلك في مقر عمل المرسل إليه، وذلك بالطبع يفترض أن المنشئ والمرسل إليه لهما مقر عمل واحد ولذلك يسهل تحديد مكان تصدير الرسالة الإلكترونية وكذلك مكان استلامها. ولكن قد تتعدد مقرات العمل بالنسبة للمنشئ، وكذلك بالنسبة للمرسل إليه فأيهما يعتد به في شأن تحديد مكان إرسال واستقبال الرسالة الإلكترونية ؟ حرصا من القانون النموذجي على مواجهه حالة تعدد موطن أعمال طرفا العقد فقد نص القانون على أن المقصود بمقر العمل في حالة تعدده هو ذلك المكان الذي يكون له "علاقة أوثق" بالمعاملة المعنية، فإذا لم يوجد مقر عمل لطرفي العقد كانت العبرة بمحل الإقامة المعتادة.[1]

1 - م4/15-أ من القانون النموذجي.

الباب الثاني

إثبات العقود الإلكترونية

الباب الثاني

إثبات العقود الإلكترونية

الإثبات "لغةً" هو مصدر أثبت الشيئ بمعنى دام واستقر، وثبت الأمر تحقق وتأكد. ويقال أثبته أي عرفه وأكده بالبينات، والإثبات ضد السلب والنفي. والإثبات بهذا المعنى يعني تأكيد وجود الحق بالدليل، ويقال أثبت الحجة أقامها وأوضحها. والبينة الدليل أو الحجة.(1)

والإثبات "قانوناً" هو إقامة الدليل أمام القضاء "القضاء الرسمي أو هيئات التحكيم" بالطرق التي يحددها القانون، على وجود واقعة معينة تترتب عليها آثارا قانونية. أو هو تأكيد حق متنازع فيه له أثر قانوني بالدليل الذي أباحه القانون لإثبات ذلك الحق، لأن الشارع لم يبيح التمسك بأي دليل وحتم توافر أدلة معينة دون أخرى لإثبات بعض الحقوق.(2)

يقوم النظام التقليدي للتصرفات القانونية على استخدام "الورق" لتدوين البيانات التي يمكن أن تتخذ دليلا للإثبات، إلا أن التقدم التقني في مجال الاتصال والمعلوماتية وظهور الحاسب الآلي ومتطلبات السرعة في إنجاز المعاملات والعقود، وبالأخص التجارية منها في الإطار الوطني والدولي، أوجد الحاجة لإستعمال أجهزة الاتصال الحديثة والمعلوماتية في هذا المجال، وترتب على انتشار الحاسب الإلكتروني في مجالات الحياة المختلفة ظُهور

---

1 - لسان العرب لإبن منظور 20/1.

2 - د. نجوي أبوهيبة – التوقيع الإلكتروني "تعريفة ومدي حجيته في الإثبات" – بحث مقدم إلى مؤتمر الأعمال المصرفية والإلكترونية بين الشريعة والقانون _ غرفة تجارة وصناعة دبي (10-15) مايو 2003 م.

حامل للمعلومات[1]- إذا جاز التعبير - يختلف جذريا عن "الحامل" الورقي التقليدي السائد، وكان من نتيجة ذلك أن بدأت المستندات الورقية التقليدية تتراجع، رويدا رويدا ليحل محلها تدريجيا "الدعامات" الجديدة للمعلومات كنتيجة طبيعية لانتشار الحاسب الآلي خصوصا في البنوك وشركات التأمين والشركات الكبرى، والإدارات والمؤسسات الحكومية. [2]

وأتاح التطور في وسائل الاتصال التعامل بنوع جديد من "المحررات الإلكترونية" المكتوبة والموقعة والمخزنة والمنقولة إلكترونيا عبر الشبكات وكنموذج لهذه المحررات "البريد الإلكتروني"، حيث تتلخص مشكلة مثل هذا النموذج في أن التعامل يقع عليه أو يتم من خلاله دون استخدام أدوات الكتابة الورقية التقليدية، فالرسائل الإلكترونية يجري كتابتها وتوقيعها وإرسالها وحفظها في بيئة إلكترونية مما لاتتدخل الكتابة الورقية في إنجازه إلا في حالة الرغبة في تحويل الكتابة الإلكترونية إلى كتابة ورقية، بالإضافة إلى أن الرسالة المرسلة إلكترونيا والموقعة إلكترونيا، لا تحمل توقيعا ماديا ملموسا سواء بالإمضاء الخطي أو ببصمة الإصبع أو بصمة الختم، وهو ما قد يدفع المحاكم إلى التردد في قبولها من أجل إثبات المعاملة مصدر الحق المدعى به أمامها.(3) وحيث أن إبرام الاتفاقات يحتاج إلى سرعة لا تؤمنها وسائل النقل العادية، فقد أوجدت وسائل الاتصال الحديثة سُبلا حديثة لمعاملات تجارية ومدنية لم تكن معروفة من قبل فرضت نفسها على

---

1 - support معناها بالإنجليزية Carrier أو Medium ويمكن ترجمتها بالوسط أو الدعامة.

2 - د. محمد المرسي زهرة – القانون والحاسوب- مؤسسة الكويت للتقدم العلمي-إدارة التأليف والترجمة والنشر، سلسلة الكتب المتخصصة – الطبعة الأولى 1995م- ص 8.

3 - د. أحمد شرف الدين- حجية الكتابة الإلكترونية على دعامات غير ورقية في الإثبات – مركز البحوث والدراسات بشرطة دبي - دورة العقود في المجال الشرطي- 2001 م - ص 34.

الواقع الاقتصادي والاجتماعي وأصبحت المنازعات الناجمة عنها تثير الكثير من التساؤلات في المحاكم عن الأسس الواجب اتباعها لإيصال الحقوق إلى أصحابها(1) ومن ثم ثارت التساؤلات حول مدى اعتبار المحررات الإلكترونية من قبيل "المحررات المكتوبة" إضافةً إلى مدى الإعتداد القانوني بها وقبولها كحجة في الإثبات.

في واقع الأمر إن "الإعتداد" بأي محرر كدليل كتابي و"تقدير قوته" في الإثبات يعتمدان على توافر شروط أساسية وهي أنه يجب أن تتوفر فيه العناصر المادية التي تسمح بحفظ بيانات التصرف القانوني عليه بأحرف أو رموز لها دلالة مفهومة لأطراف التصرف، وأن يتمتع بالقدرة على الحفاظ على المعلومات بشكل مستمر بحيث يمكن تقديمها إلى القضاء للإطلاع عليها عند نشوب الخلاف حول وجودها أو تحديد المقصود منها، وأن يكون تدوين البيانات على الدعامة المادية دالاً على رضا المتعاقد بالإنضمام إلى العقد وبالقبول بمضمونه والالتزام بما ورد فيه وذلك بالتوقيع عليه توقيعا دالا على شخصيته ومميزا له عن غيره من الأشخاص ودالا بوضوح على الارتباط بينه، وما يترتب عليه من آثار قانونية، وبين المحرر المكتوب الذي يتضمن بنود العقد.[2]

وإزاء انتشار استخدام المحررات الإلكترونية في إنجاز معاملات التجارة الإلكترونية أصبح من الضروري التعرض لمدى حجية هذه المحررات في

1- ورقة عمل بعنوان (الإثبات باستعمال وسائل المعلوماتية والتكنولوجيا الحديثة) –أعدها المركز العربي للبحوث القانونية والقضائية للندوة المنعقدة في بيروت (6-8) /2003/1 م.

2- د.حسن عبد الباسط جميعي- إثبات التصرفات القانونية التي يتم إبرامها عن طريق الإنترنت- دار النهضة العربية- 2000 م- ص11.

الإثبات، ومدى توافر الاشتراطات التقليدية التي يجب توافرها في المحررات الورقية في هذه المحررات الإلكترونية من أجل قبولها والإعتراف بها كأدلة مساوية للأدلة الكتابية.

وبالنظر إلى ما تقدم ولتحليل مشكلات قبول المحررات الإلكترونية كأدلة إثبات مساوية للأدلة الكتابية، نقسم الدراسة في هذا الباب إلى فصلين، نخصص الأول لتحديد الشروط الواجب توافرها في المحرر الكتابي ومدى تحققها في المحررات الإلكترونية. ونخصص الفصل الثاني لدراسة الشروط الواجب توافرها في التوقيع ومدى تحققها بالنسبة للتواقيع الإلكترونية من أجل منحه الحجية الممنوحة للتوقيع التقليدي.

الفصل الأول
الشروط الواجب توافرها في المحرر الكتابي ومدى توافرها في المحررات الإلكترونية

يحكم التعاقد في الأنظمة القانونية مبدأ الرضائية الذي يسمح بإبرام العقود بمجرد تراضي المتعاقدين دون حاجة لأن يصب هذا التراضي في شكل خاص، ولذلك فإنه وفيما عدا ما ورد بشأنه نص تشريعي يتطلب شكلا معينا لإبرام العقد، فإن العقد ينعقد صحيحا بمجرد تبادل التراضي بين طرفيه.(1)

ومع أن الأصل في الأنظمة القانونية هو رضائية العقود، إلا أن الأنظمة قد تشترط كتابة العقد لإثباته، حيث أن معظم القوانين الوطنية والاتفاقات الدولية تشتمل على أحكام تشترط تقديم معلومات معينة كتابةً أو أن تجري صفقات معينة كتابةً.(2) وإذا اشترط القانون الكتابة لأغراض

---

1 - أ.د عبد الودود يحي- الموجز في النظرية العامة للالتزامات – (المصادر –الأحكام-الإثبات)- دار النهضة العربية –1994 23 وما بعدها.

2 - اورد القانون النموذجي قائمة الوظائف غير الحصرية التالية التي تجعل القوانين الوطنية تشترط استعمال الكتابة: 1- ضمان وجود دليل ملموس علي نية الالتزام لدى الطرفين وعلي طبيعة هذه النيه.2- مساعدة الطرفين علي ادراك تبعات ابرامهما العقد. 3-كفالة ان يكون المستند مقروءا للجميع. 4-كفالة بقاء المستند بلا تحريف بمرور الزمن وان يوفر سجلا دائما للمعاملة واتاحة المجال لاستنساخ المستند لكي يحتفظ كل طرف بنسخه من البيانات نفسها. 6-اتاحة المجال لتوثيق البيانات بواسطة التوقيع. 7-كفالة ان يكون المستند في شكل مقبول لدى السلطات العامه والمحاكم. 8-تجسيد قصد محرر"الكتابه"وتوفير سجل بذلك القصد. 9- اتاحة المجال لتيسير تخذين البيانات في شكل ملموس. 10- تيسير المراقبه والتدقيق الاحق لاغراض محاسبيه او ضريبيه او تنظيميه.11- ادخال الحقوق والالتزامات القانونيه إلي حيز الوجود في الحالات التي تكون فيها "الكتابه"مطلوبه لاغراض اثبات الصحه.

الإثبات، فإن عدم تقديم الكتابة لا يضر عموما بصحة العقد وإنَما يضر بتطبيقه في حالة التنازع.[1]

وتعتبر القاعدة الأساسية في الإثبات في المواد المدنية أن يكون الإثبات بالكتابة إلا ما استثني[2] حيث تخضع معظم التشريعات في إثبات العقود المدنية لبعض القيود كإشتراط الكتابة لإثبات التصرف القانوني متى تجاوزت قيمته مبلغاً معيناً أو كان غير محدد القيمة أو متى كان ثابتاً بالكتابة وقد نصت على ذلك كثير من قوانين وتشريعات الإثبات.[3]

---

1 - سارت الممارسة القضائية في السودان على بطلان العقد الذي يخالف شرط الكتابة إذا اشترطها القانون، ففي قضية "حسن محمد أحمد شهودة ضد الطاهر عبد الرحيم محمد" م ع/ط م / 539(1994) قام المطعون ضدة بعمل ترميمات اتفق مع الطاعن على انجازها بمنزله وسدد الطاعن جزءً من مبلغ المقاولة للمطعون ضدة إلا أنه فشل في سداد بقية المبلغ. وعند رفع النزاع أمام المحكمة العليا قررت أن العقد بين الطرفين عقد "مقاولة" وحيث أنه لم يكتب فهو باطل حسب نص المواد 91(1) و380(1) من قانون المعاملات المدنية السوداني لسنة 1984م وبالتالي فإن حل النزاع يكمن في تعويض الطرف المضرور بناءً على المسئولية التقصيرية وليس المسئولية العقدية. من تطبيقات القضاء السوداني أيضا في هذا الصدد أنه وفي الحالة التي يتم فيها تحرير العقد كتابةً سواء أكان ذلك إعمالا لما يتطلبه القانون أو لاتفاق الطرفين على ذلك فإن القاعدة العامة هي أنه لا يجوز قبول البينة الشفوية لإثبات ما يخالف أو يغير أو يضيف أو ينتقص من شروط العقد المكتوب" مجلة الأحكام القضائية 1961- عبد الصافي الشيخ ضد فضل المولي ابراهيم مم أ /أ ن/1957/40 ص 68.

2 - د. حيدر أحمد دفع الله – المدخل لقانون الإثبات دراسة فقهية وقانونية تطبيقية مقارنة – مطابع قطر الوطنية- الطبعة الأولى 1999م - ص 7.

3 - من أمثلة النصوص التي تشترط الكتابة في النظام التجاري السعودي المادة 10 من نظام الشركات الخاصة بعقد الشركة والمادة 152 من نظام المحكمة التجارية الخاصة بعقد بيع السفينة والمادة 301 المتعلقة بالعقد البحري.وتشير المادة 260 من قانون المرافعات المدنيه والتجاريه القطري إلى أنه " في غير المواد التجارية، إذا كان التصرف القانوني تزيد قيمته عن خمسة ألف ريال أو كان غير محدد القيمة، لم يجز إثبات وجوده أو انقضائه إلا بالكتابة مالم يوجد اتفاق

=

وينقسم النظام القانوني للإثبات إلى نظام الإثبات الحر ونظام الإثبات المقيد، فإذا كان الإثبات حراً جاز إثبات الواقعة محل النزاع بكافة طرق الإثبات التي تحمل القاضي على الاقتناع بأحقية الإدعاء. وإذا كان الإثبات على العكس من ذلك مقيدا فلا يجوز الإثبات إلا بالطرق التي حددها القانون ويلتزم القاضي بعدم قبول غيرها والغالب أن تجمع نظم الإثبات بين الطريقتين معا "الإثبات المختلط"، على أنه أياً كان النظام المعمول به حرا أم مقيدا أو مختلطا فإن القانون يحدد طرق أو وسائل معينة للإثبات تتفاوت فيما بينها من حيث قوتها في الإثبات، وقد اعتمدت كثيرا من التشريعات الطرق الآتية للإثبات: الكتابة وشهادة الشهود والقرائن والإقرار.(1)

وتأتي "الكتابة" في مقدمة كافة طرق الإثبات المعمول بها حتى الآن في معظم التشريعات، فهي تعتبر من أقوى طرق الإثبات، حيث أن القاضي يلتزم بالحكم طبقا لما أدت إليه دون أن يتوقف ذلك على تقديره، كما أنها تعتبر حجة على الكافة وليس فقط على من صدرت منه. وتعتبر الكتابة التي وضعت النصوص القانونية القائمة لتنطبق عليها هي الكتابة الورقية الموقعة ممن تنسب إليه بإحدى صور التوقيع وهي الإمضاء بخط اليد أو ببصمة الإصبع أو بصمة الختم، حيث يمكن القول بأن الدليل الكتابي الكامل يجب أن يتوافر له قانونا عنصران أساسيان وهما أن يكون مكتوباً وأن يكون موقعاً(2). ونظرا لما للدليل الكتابي من أهمية في الإثبات، فقد

أو نص يقضي بغير ذلك". تقابلها المواد 39 كويتي والمادة 52 سوري والمادة 60 مصري "مع اختلاف قيمة النصاب "

1 - د. محمد المرسى زهرة – مرجع سابق- ص63.

2 - المرجع السابق- ص 64.

أحاطه المشرع بشروط وضمانات معينة يجب أن تتوافر له حتى يمكن قبوله في الإثبات.

وفيما يتعلق بالاعتراف بالمحررات الإلكترونية كأدلة كتابية فيتوقف الاعتراف بها على توافر أو عدم توافر الشروط التي حددها القانون للدليل الكتابي الكامل، فالدليل الكتابي الكامل لا تكون له قوته في الإثبات إلا إذا استجمع بداهةً كافة الشروط القانونية، والقول بقبول المحررات كأدلة كتابية كاملة في الإثبات يقتضي التحقق من هذه الشروط وبذلك تنحصر المشكلة التي تواجهنا في مدى اتفاق الوسائل الحديثة في إنجاز المعاملات، مع المتطلبات القانونية لإثبات التصرفات القانونية من ناحية ومدى قبولها كدليل مقنع في الإثبات من الناحية الأخرى.

نستعرض فيما يلي الشروط التي حددها القانون للدليل الكتابي الكامل لمعرفة إلى أي مدى يمكن أن تتوفر هذه الشروط بالنسبة للمحررات الإلكترونية.

المبحث الأول
الشروط المتعلقة بالتدوين الكتابي ومدى توفرها في المحررات الإلكترونية

الفرع الأول:- مفهوم الكتابة:-

تُعرف الكتابة بأنها الخط الذي يُعتمد عليه في توثيق الحقوق وما يتعلق بها للرجوع إليه عند الإثبات. أو هي الخط الذي يوثق الحقوق بالطريقة المعتادة ليرجع إليها عند الحاجة.(1) وتكون للتوثيق وهو التثبت والإحكام والتقوى، والقصد منها حفظ الحقوق من الضياع وتساعد على الحفظ والتذكر ولتثبيت الحق عند التنازع ولقطع الشقاق.

ولا تعتبر الكتابة من وسائل التوثيق الحديثة وإنما هي قديمة قدم التاريخ وقد استخدمت عند الأمم السابقه، واستخدم الأنبياء عليهم السلام الكتابة في تبليغ الدعوة ونشر الرسالة فكتب سليمان إلى بلقيس وفي ذلك ورد قوله تعالي ژ گ ں
(2) (3)
.

تعالي ﴿ قَالَتْ يَٰٓأَيُّهَا ٱلْمَلَؤُا۟ إِنِّىٓ أُلْقِىَ إِلَىَّ كِتَٰبٌ كَرِيمٌ ﴿٢٩﴾ إِنَّهُۥ مِن سُلَيْمَٰنَ وَإِنَّهُۥ بِسْمِ ٱللَّهِ ٱلرَّحْمَٰنِ ٱلرَّحِيمِ ﴾ [٢] وعندما انبثق فجر الإسلام تبوأت الكتابة مكانها فكان أول التنزيل ﴿ ٱقْرَأْ بِٱسْمِ رَبِّكَ ٱلَّذِى خَلَقَ ﴿١﴾ خَلَقَ ٱلْإِنسَٰنَ مِنْ عَلَقٍ ﴿٢﴾ ٱقْرَأْ وَرَبُّكَ ٱلْأَكْرَمُ ﴿٣﴾ ٱلَّذِى عَلَّمَ بِٱلْقَلَمِ ﴿٤﴾ عَلَّمَ ٱلْإِنسَٰنَ مَا لَمْ يَعْلَمْ ﴾ [٣]. ويقول تعالي ﴿ يَٰٓأَيُّهَا ٱلَّذِينَ ءَامَنُوٓا۟ إِذَا تَدَايَنتُم بِدَيْنٍ إِلَىٰٓ أَجَلٍ مُّسَمًّى فَٱكْتُبُوهُ ۚ وَلْيَكْتُب بَّيْنَكُمْ كَاتِبٌۢ بِٱلْعَدْلِ ۚ وَلَا يَأْبَ كَاتِبٌ أَن يَكْتُبَ

---

1 - د. محمد مصطفي الزحيلي - وسائل الإثبات في الشريعة الإسلامية – الطبعة الأُولي 1982- ص 121 .
2 - سورة النمل الآية 29 ، 30 .
3 - سورة العلق – الآيات (1-5) .

(1) (2) فسواء أكان الأمر للندب أم للوجوب فالآية تقرر اعتبار الكتابة وثيقة في المعاملات، وأن فائدة الوثيقة هي الاعتماد عليها في الحكم عند الإنكار.

وفي السنة أنَ الرسول عليه الصلاة والسلام استعمل الكتابة في جميع المجالات وكانت وسيلة لتبليغ الرسالة وكتابة المعاهدات والصلح والأمان، كما استعملها النبي في المعاملات مثل البيع والوصية والقضاء وغيرها، وأمر الرسول أصحابه بتعلم الكتابة، والكتابة حجة ودليل في التعامل وإلا

حاجة للأمر بالكتابة في قوله تعالى ﴿يَا أَيُّهَا الَّذِينَ آمَنُوا إِذَا تَدَايَنتُم بِدَيْنٍ إِلَىٰ أَجَلٍ مُّسَمًّى فَاكْتُبُوهُ﴾

ومع أن كثيراً من التشريعات غالباً ماتشير إلى الكتابة إلا أنها لم تورد تعريفا محددا للمقصود بها ولم تحدد القوانين المقصود بطبيعتها، وهل يلزم أن تأتي على نوع معين من الدعامات وهل يشترط أن تتم بطريقه معينة، بمعني هل من الضرورة أن تكتب بخط اليد أم يصح أن تكون مطبوعة أم يكفي أن تكون مقروءة، على سبيل المثال لم يتعرض القانون المصري لتعريف الكتابة وإنما استقر العمل وجرى القضاء على تعريف "المحررات العرفية" بأنها" الأوراق التي تصدر من الأفراد والتي لا يدخل موظف عام في

---

1 - سورة البقرة من الآية (282).

2 - راجع حقيقة الخلاف في -رسالة الإثبات- لأحمد نشأت- ص 107 – مشار اليها في المدخل لقانون الإثبات دراسة فقهية وقانونية تطبيقية مقارنة للدكتور حيدر احمد دفع الله الطبعة الأولى 1999م.

تحريرها، وتعريف "المحررات الرسمية" بأنها المحررات التي يدونها الموظف الرسمي في السجلات وفقا للأوضاع القانونيه المقرره قانونا.[1]

ولم يورد قانون الإثبات السوداني لسنة 1993م تعريفاً صريحاً للكتابة وإنما اتجه إلى تعريف "المستند" بأنه "البيانات المسجلة بطريقة الكتابة أو الصورة أو الصوت". ولم تضم الاتفاقيات الدولية المعتمدة في السنوات الأخيرة أحكاما تفترض شروطا خاصة في الكتابة أو الوثائق الرقمية الموقعة لا من حيث صيغتها، ولا من حيث طريقة تدوينها، فكل عبارة دالة على المعنى المقصود تصلح بعد توقيعها أن تكون دليلا على موقِّعها. فتجوز الكتابة بلغة غير لغة البلاد أو بلغة من اللغات القديمة بل تجوز بلغات خاصة متي كان الطرفان يحتفظان بمفتاح لهذه الرموز معتمدة منهما ويجوز أن تكون الكتابة بالرصاص أو بغيره، كما يجوز أن تكون مطبوعة بأية وسيلة من وسائل الطباعة أو مكتوبة على الآلة الكاتبة[2] فمثلا اتفاقية نيويورك بشأن التقادم في البيوع الدولية للبضائع لسنه 1972م أشارت إلى أن "مصطلح الكتابة ينصرف أيضا إلى المراسلات الموجهة في شكل برقية أو تلكس".[3] ونصت اتفاقية الأمم المتحدة للنقل الدولي المتعدد الوسائط على تعريف موسع وغير حصري لعبارة الكتابة لتشمل التلغراف والتلكس.[4] وبالمثل في اتفاقية

1 - د. محمد حسام لطفي – الإطار القانوني للمعاملات الإلكترونية – النسر الذهبي للطباعة – القاهرة 2002 م- ص 26.

2 - سليمان مرقص - أصول الإثبات وإجراءاته في المواد المدنية والتجارية – الأدلة المطلقة – عالم الكتب- القاهرة-1981-ص192.

3 - المادة 9 من الإتفاقية.

4 - انظر اتفاقية الأمم المتحدة المعنية بالنقل البحري للبضائع 1978 (قواعد هامبرغ) واتفاقية الأمم المتحدة للنقل الدولي المتعدد الوسائط 1980 المادة1

التصنيع الدولي لعام 1888م التابعة للمعهد الدولي لتوحيد القانون الخاص فإن تعريف "الكتابة" يشمل دون الحصر التلغرامات والتلكسات وأي اتصال سلكي أو لاسلكي آخر يمكن استنساخه في شكل ملموس. [1] ويتضح من خلال هذه النصوص أنها لاتهتم بنوع الوسيط الحامل للبيانات المكتوبة للإعتداد بها في الإثبات، فالغاية من الكتابة وقدرة الوسيط في الإحتفاظ بما دون عليه يتحقق معهما الإعتراف بهذا الوسيط في الإثبات.

ومن هنا يمكن ملاحظة أن الإتجاة التشريعي الحديث قد ذهب نحو توسيع نطاق مفهوم الكتابة ليشمل الكتابة الإلكترونية عبر الوسائل التقنية الحديثة، وهو ما أكده قانون الأونستيرال النموذجي للتجارة الإلكترونية عندما نص في المادة (1/6) على أنه " عندما يشترط القانون أن تكون المعلومات مكتوبة، تستوفي رسالة البيانات ذلك الشرط: إذا تيسر الإطلاع على البيانات الواردة فيها على نحو يتيح استخدامها بالرجوع إليها لاحقاً".

ومن بين الوظائف التي يؤديها المستند الورقي المكتوب أن يكون مقروءا للجميع وأن تتوفر فيه إمكانية البقاء بلا تحوير بمرور الزمن، إضافة إلى إمكانية إتاحة المجال لاستنساخه من أجل أن يحوز كل طرف على نسخة من البيانات نفسها، بالإضافة إلى إتاحة المجال لتوثيق بياناته بواسطة التوقيع عليه وإتاحة وضعه في شكل مقبول لدى السلطات العامة والمحاكم. وتجدر الإشارة إلى أنه يمكن أن توفر السجلات الإلكترونية نفس مستوى الأمان الذي يوفره المستند الورق، بل أنها في معظم الحالات توفر درجة أكبر من الموثوقية والسرعة خاصة فيما يتعلق بمصدر البيانات ومحتواها، شريطة

1 - المادة (1) (4) (ب) من اتفاقية التصنيع الدولي لعام 1888.

الوفاء بعدد من الاشتراطات التقنية والقانونية ولهذا الغرض وضع القانون النموذجي عدة معايير موضوعية لاختبار مدى انطباق مبدأ النظير الوظيفي على بدائل الأشكال الورقية، فإذا ما استوفت رسالة البيانات الإلكترونية الوظائف الأساسية لاشتراطات الشكل الورقي فإنها تحصل على نفس القيمة القانونية للمستند الورقي.[1]

وهو ما ذهب إليه أيضاً نظام التعاملات الإلكترونية السعودي في المادة السابعة حيث نصت على أنه "........إذا اشترط أي نظام في المملكة أن تكون الوثيقة أو السجل أو المعلومة المقدمة إلى شخص آخر مكتوبة، فإن تقديمها في شكل إلكتروني يفي بهذا الغرض متى تحققت الأحكام الواردة في الفقرة (1) من المادة السادسة".

وبالتالي فإن رسالة البيانات أو السجل الإلكتروني، ومن خلال مبدأ النظير الوظيفي الذي أرساه القانون النموذجي للتجارة الإلكترونية، يمكن أن تكون مماثلة للمستند الورقي متى ما طلب القانون تقديم الوثيقة أو السجل أو المعلومة مكتوبة، بشرط استيفاءها للشروط الواجب توافرها في الكتابة من أجل الإعتداد بها في الإثبات، وهي الشروط التي نتناولها فيما يلي بالشرح والتحليل:-

1 - الدليل المرافق للقانون النموذجي بند 16 .

الفرع الثاني:- الشروط الواجب توافرها في الكتابة

من المستقر أنه وحتي تؤدي الكتابة وظيفتها القانونية فقد اتفق الفقهاء على مجموعة شروط ينبغي توافرها فيها:- فلابد أن يكون الوسيط "مقروءا" وأن تتصف الكتابة بـ " "الثبات" و"الاستمرارية"، فهل يمكن أن تستوفي الكتابة الإلكترونية هذه الشروط؟

أولا:- أن يكون المحرر الكتابي مقروءاً:-

لا شك أنه كي يتسنى الإعتداد بأي مستند في مواجهة الآخرين فلابد من أن يكون المستند مفهوماً وواضحاً من خلال كتابته بحروف ورموز مفهومة، ويتساوى المحرر الورقي والمحرر الإلكتروني في ضرورة توافر هذا الشرط .

وبالرجوع إلى طريقة تدوين المحرر الإلكتروني نجد أن تدوينه يتم على الوسائط بلغة الآلة التي لا يمكن أن يقرأها الإنسان بشكل مباشر، وإنما لابد من إيصال المعلومات في الحاسب الآلي ببرامج لها القدرة على ترجمة لغة الآلة إلى اللغة المقروءة للإنسان. على أنه ومع أن قراءة المحرر الإلكتروني لاتتم مباشرة وإنما تحتاج إلى تدخل جهاز الحاسب لقرأتها بالنظر إلى طريقة التدوين والرموز المستخدمة فيه، إلا أن هذه المحررات يمكن قرأتها في جميع الأحوال باستخدام الحاسب الآلي وهو مايعني استيفائها للشرط المتعلق بإمكانية قراءتها وفهمها طالما أن اللغه التي تظهر على شاشة الجهاز هي لغة مفهومة ومقرؤة لأطراف العقد.[1]

1 - د- حسن عبد الباسط جميعي-إثبات التصرفات القانونية التي يتم إبرامه عن طريق الإنترنت- مرجع سابق- ص20

ثانياً:- الثبات

يقصد بهذا الشرط حفظ المحرر الكتابي دون أدنى تعديل أو تغيير من حذف أو محو أو تحشير ليتسنى بذلك الإعتداد بالمحرر المكتوب. وقد أخذ بهذا المعنى نص المادة (1/10/ب) من قانون الأونسيترال حيث أشار إلى أن شرط الاستناد إلى المستند الإلكتروني يكون في قدرته على (.....الإحتفاظ برسالة البيانات بالشكل الذي أنشئت أو أرسلت أو أستلمت به أو بشكل يمكن إثبات أنه يمثل بدقة المعلومات التي أنشئت أو أرسلت أو أستلمت). وهو ما أشار إليه أيضاً نظام التعاملات الإلكترونية السعودي من خلال المادة السادسة وهي بصدد ذكر الشروط الواجب توافرها في السجل الإلكتروني للإعتداد به، عندما أوضحت أنه إذا اشترط أي نظام في المملكة حفظ وثيقة أو معلومة لأي سبب، فإن شرط الحفظ يتحقق عندما تكون الوثيقة أو المعلومة محفوظة بشكل إلكتروني ولكن عند تحقق جملة من الإشتراطات، من ضمنها أنه يجب حفظ السجل الإلكتروني بالشكل الذي أنشئ أو أُرسل أو أُستلم به أو بشكل يمكن من إثبات أن محتواه مطابق للمحتوى الذي أنشئ به أو أُرسل به أو تم تسلمه به".

يفهم من ذلك أن المحرر الكتابي يجب أن يكون غير قابل للتعديل أو الإضافة إلا بإتلافه أو ترك أثر مادي ظاهر على المحرر يُظهور ماتم إدخاله عليه من تعديلات حتى يمكن للقاضي تقدير قيمته في الإثبات. وبالنسبة للمحررات المدونة على الأوراق، فإن التدوين الكتابي بالأحبار التي ينشرها الورق أو تطبع، يتصل كيميائيا بالتركيب المادي لهذه الأوراق بحيث لايمكن فصلها إلا بإتلاف الأوراق أو إحداث تغيرات مادية يسهل التعرف عليها من خلال الرجوع إلى الخبرة الفنية.

على إنه وبخلاف الأوراق التي تتحقق فيها هذه المواصفات، فإن الكتابة على الوسائط الإلكترونية من أقراص وشرائط ممغنطة تفتقد بحسب الأصل هذه القدرة فالأصل في التدوين على الوسائط الإلكترونية هو قدرة كل طرف من الأطراف على تعديل مضمون المحرر وإعادة تنسيقه بالإضافة أو الإلغاء أو المحو بدون أن يظهر لهذا التعديل أي أثر مادي يمكن ملاحظته أو اكتشافه. ويترتب على هذا الاختلاف المادي بين الأوراق وبين الوسائط الإلكترونية أن المحرر الإلكتروني يفتقر بحسب الأصل إلى شرط من أهم الشروط التي تتصل بوظيفة المحرر الكتابي في الإثبات. ومع ذلك فقد أدى التطور التكنولوجي إلى حل هذه المشكلة عن طريق استخدام برنامج حاسب آلي يسمح بتحويل النص الذي يمكن التعديل فيه إلى صورة ثابته لا يمكن التدخل فيها أو تعديلها ويعرف بإسم (Document image processing). وأيضاً أمكن حفظ المحررات الإلكترونية في صيغتها النهائية بشكل لا يقبل التبديل أو التعديل من خلال حفظها في صناديق إلكترونية لا يمكن فتحها إلا بمفتاح خاص تهيمن عليه جهات معتمدة من قبل الدولة، بحيث تؤدي محاولة أطراف التعامل لتعديل الوثيقة الإلكترونية إلى إتلافها أو محوها تماما.[1]

ثالثاً:- الإستمرارية

بالإضافة لإشتراط الثبات في المحرر المحرر الكتابي، يجب أن تستمر هذه الإمكانية حتى يتسنى الرجوع إليه لآحقاً كلما تعين ذلك، وهو ما أشارت إليه المادة (1/10/ أ) من قانون الأونسيترال "......الإطلاع على المعلومات الواردة في رسالة البيانات على نحو يتيح استخدامها في الرجوع

1 - د. عبد الباسط جميعي - مرجع سابق- ص21.

إليها لاحقاً". وهو ما إشترطه أيضاً نظام التعاملات الإلكترونية السعودي في (6/ب) عندما أكد على ضرورة " بقاء السجل الإلكتروني محفوظاً على نحو يتيح استخدامه والرجوع إليه لآحقاً". وعليه فكما يجب أن يتوفر شرط الإستمرارية في المستند الورقي يجب توافره أيضا في المحررات الإلكترونية.

وبالنسبة للمستندات الورقية فطبيعة وتكوين الورق تسمح بتحقق هذا الشرط بغض النظر عن العوامل الإستثنائية التي قد تحد من ذلك كالرطوبة أو تآكل الأوراق نتيجة لسوء التخزين. أما عن المحررات الإلكترونية فإن الخاصية الكيميائية والمادة التي تتكون منها الشرائح الممغنطة التي يجري تحميل أو تخزين البيانات الإلكترونية عليها، تمتاز بحساسية عالية تجعلها عرضة للتلف السريع الأمر الذي لا يستوي معه اعتماد هذه الوسائط في الإثبات مالم يجري العمل على تجاوز هذه العقبة. وبالرجوع للتطورات التقنية والتحسينات التي طرأت على مبتكرات الوسائط الإلكترونية، فقد تم التغلب على هذه العقبة بمراحل، لما تم ابتكاره من وسائط تتمتع بقدرة تحمل هائلة تسمح بالإحتفاظ بالبيانات المخزنة لمدة طويلة قد تتجاوز بذلك قدرة الأوراق العادية المعرضة لتلف والتآكل بعوامل الرطوبة.[1]

نخلص من ذلك إلى أن الكتابة الإلكترونية تستطيع أن تحل محل الكتابة التقليدية عند توفر الاشتراطات القانونية المطلوب توافرها في الكتابة التقليدية، وأن مفهوم المحررات أو المستندات لم يعد يقتصر على

---

1 - د. محمد إبراهيم أبو الهيجاء- عقود التجارة الإلكترونية- دار الثقافة للنشر والتوزيع- 2011م- ص 119.

المستندات الورقية فقط بل امتد ليشمل المحررات أو المستندات الإلكترونية أو الدعائم الإلكترونية غير المادية.[1]

بعد تناول الشروط التي حددها القانون للدليل الكتابي الكامل ومدى توافرها بالنسبة للمحررات أو السندات الإلكترونية، نتعرض للعنصر الثاني الواجب توافره في الدليل الكتابي الكامل وهو "التوقيع" ومن ثم مدى تحققه بالنسبة للمحررات الإلكترونية.

1 -د.نجوي أبو هيبه- مرجع سابق.

الفصل الثاني

الشروط الواجب توافرها في التوقيع ومدى توافرها في التوقيع الإلكتروني

مع أن "التوقيع" يمثل حجر الزاوية في الإثبات إلا أنه لا يوجد تعريف قانوني جامع لمفهومه، وتتجه كافة التعريفات الفقهيه نحو تعريفه على أنه " العلامة الخطية التي يضعها شخص على وثيقة مكتوبة يعبر بها عن وجوده المادي في التصرف، أو تأييده لمضمون الوثيقة التي صدرت عنه.[1]" وعلى ذلك فالتوقيع يمثل العلامة الخطية أو الإشارة التي يضعها الموقع على المحرر أو المستند، ولا يشترط فيه إلا أن يكون دالا على شخصية الموقع ذاته أي بفعل يديه لا من أي شخص آخر فالتوقيع من الأمور اللصيقه بالشخص. وجنبا إلى جنب مع التوقيع التقليدي بخط اليد توجد أنواع مختلفة من "الإجراءات" يشار إليها في بعض الأحيان بأنها "تواقيع" وتتيح مستويات مختلفة من التيقن، مثل وضع الأختام أو التثقيب وقد يعتبر الخاتم أو التثقيب كافيا للوفاء بشرط توفر التوقيع حتى ولو كان مكتوبا بالآلة الكاتبة أو الترويسة المطبوعة.[2]

الشروط الواجب توافرها في التوقيع:-

على ضوء التعريف السابق للتوقيع يمكن القول بأنه يجب أن تتوفر في التوقيع العناصر التالية حتى يقوم بوظيفته في الإثبات:-

1- أن يكون خاصا بصاحبه مميزا له عن غيره من الأشخاص.

---

1 - د. نوري حمد خاطر- وظائف التوقيع في القانون الخاص- مجلة المنارة "مجلة دورية تصدر عن جامعة آل البيت" المجلد الثالث- العدد الثاني- ابريل 1998م الأردن- ص 52.

2 - دليل تشريع قانون الأونسيترال النموذجي بشأن التجارة الإلكترونية- التعليق على المادة السابعة- ص 37.

2- أن يكون مقروءاً ومستمراً شأنه في ذلك شأن الكتابة التي يتم إلحاقه بها.

3- أن يتصل التوقيع بالمحرر الكتابي الذي يريد صاحبه أن يقر بمضمونه ويلتزم بما جاء فيه بشكل لا يمكن فصله عنه.[1]

وبظهور "التوقيع الإلكتروني" القائم على مجموعة من الأرقام والرموز والشفرات التي لا يفهم معناها سوى صاحبها والمختلفة اختلافاً بائناً عن التوقيع التقليدي، ثار التساؤل حول مدى الإعتداد بالتوقيع الإلكتروني في الإثبات؟ أو بمعنى آخر: هل يكتمل للكتابة شرط اعتبارها دليلا كاملا في الإثبات إذا كان التوقيع عليها "توقيعا إلكترونياً"؟

ذهب جانب من الفقه إلى رفض اعتبار التوقيع الإلكتروني مماثلا للتوقيع التقليدي بخط اليد، على أساس أن التوقيع اليدوي ينسب بشكل مباشر إلى شخص معين، إذ لكل شخص طريقته في الكتابة والرسم ولعله من الصعب تقليد هذه الكتابة والرسم من قبل شخص آخر، أما التوقيع الإلكتروني فقد يكون صادرا ليس من الشخص صاحب التوقيع، بل عن شخص آخر يستعمل "آلية التوقيع الإلكتروني" فلا يكون مستقبل الرسالة الإلكترونية الموقعة متأكداً من أن المرسل حاضرا جسديا وراء خط الاتصال الإلكتروني عبر محطته الطرفيه.

وذهب فريق آخر إلى تأييد مساواة التوقيع الإلكتروني بالتوقيع التقليدي، وتتلخص حججهم المؤيدة لهذه الوجهه في أن مفهوم "التوقيع" يرتبط بوظيفته وليس بشكله وأن القانون لم يعتمد تعريفاً واضحاً للتوقيع

---

1 - د.حسن عبد الباسط جميعي- إثبات التصرفات القانونية التي يتم إبرامها عبر الإنترنت- مرجع سابق- ص 28.

ولم يقر له شكلاً معيناً. كذلك فإن اختلاف التوقيع الإلكتروني عن التوقيع التقليدي الذي يتم بخط اليد يبدو في الوسيلة وليس في الهدف أو الوظيفه المبتغاه منه، وهو بذلك، شأنه شأن التوقيع التقليدي، يصدر عن صاحبه بالإفصاح عن شخصيته والتعبير عن إرادته بقبول التصرف الذي تم التوقيع عليه والالتزام بما ورد فيه من شروط. وعليه فإن وجه الاختلاف الوحيد بين التوقيع التقليدي والتوقيع الإلكتروني يكمن في مدى تحقيق التوقيع للثقة التي يبني عليها المشرع حجية التوقيع في الإثبات، فإن توفرت ذات الثقة في التوقيع الإلكتروني فإنه يتساوى مع التوقيع التقليدي في حجية الإثبات. (1)

من الواضح أن استكشاف حكم "التوقيع الإلكتروني" على صعيد القانون يتطلب من ناحية تحديد معناه وطريقة إجرائه ومن ثم النظر حول مدى استيفاءه للشكل المنصوص عليه في القانون، ومن الناحية الأخرى مدى قيامه بالوظائف المنوط بالتوقيع التقليدي القيام بها، وعليه نحاول من خلال المبحث التالي توضيح ماهية "التوقيع الإلكتروني" وأنواعه المختلفة، ومدى توافقه مع القواعد القانونية الناظمة للإثبات ومدى إمكانية قبوله كضرورة إقتضتها التعاملات الإلكترونية الحديثة.

---

1 - د. حسن عبد الباسط جميعي _ إثبات التصرفات القانونية التي يتم إبرامها عن طريق الإنترنت- مرجع سايق- ص44

المبحث الأول
التوقيع الإلكتروني

الفرع الأول:- تعريف التوقيع الإلكتروني :-

يُعرف قانون الأونسيترال النموذجي بشأن التوقيعات الإلكترونية "التوقيع الإلكتروني" بأنه "بيانات في شكل إلكتروني مدرجة في رسالة بيانات أو مضافة إليها أو مرتبطة بها منطقيا، ويجوز أن تستخدم لتعين هوية المُوقع بالنسبة لرسالة البيانات ولبيان موافقة المُوقع على المعلومات الواردة فيها. (1)

وعرفه قانون التعاملات الإلكترونية السعودي بأنه " بيانات إلكترونية مدرجة في تعامل إلكتروني، أو مضافة إليه أو مرتبطة به منطقيا، تستخدم لإثبات هوية الموقع وموافقته على التعامل الإلكتروني، واكتشاف أي تعديل يطرأ على هذا التعامل بعد التوقيع عليه". وعرفه أيضاً قانون المعاملات والتجارة الإلكترونية للإمارات العربية المتحدة رقم 2 لسنة 2002م في المادة الثانية بأنه " التوقيع المكون من حروف أو أرقام أو رموز أو صوت أو نظام معالجة ذي شكل إلكتروني ملحق أو مرتبط منطقيا برسالة إلكترونية وممهور بنية توثيق أو اعتماد تلك الرسالة". (2)

من التعاريف السابقة يتضح عدم خروج التوقيع الإلكتروني عن كونه أداة يستدل بها على شخصية الموقع وانصراف إرادته للإلتزام بما وقع عليه ليتساوى بذلك مع التوقيع العادي، مع الإختلاف في شكل المعطيات الإلكترونية القائم عليها التوقيع الإلكتروني، حيث أن التوقيع الإلكتروني

---

1 - قانون الأونسيترال النموذجي بشأن التوقيعات الإلكترونية.- الأمم المتحدة – نيويورك - المادة (2)

2 - قانون المعاملات والتجارة الإلكترونية للإمارات العربية المتحدة رقم 2 لسنة 2002م - المادة(2).

يستغني عن أساليب وضع التوقيع التقليدي التي تقوم على حركة اليد في المستند الورقي ويعتمد على لوغريثمات الترميز أو التشفير في إخفاء معنى الرمز أو الرقم. فالتوقيع الإلكتروني إذن هو رقم أو رمز أو شفرة خاصة لا يفهم معناها إلا صاحبها ومن يُكشف له عن مفتاح ذلك الترقيم أو الترميز أو التشفير.

الفرع الثاني:- أشكال التوقيع الإلكتروني

أ/ التوقيع عن طريق البطاقات الممغنطة أو الرقم السري أو الكودي:-

بدأ ظهور التوقيع الإلكتروني في مجال المعاملات البنكية مع استعمال الرمز السري (secret code) في البطاقات المصرفية عند استخدامها في السحب من المراكز الآلية للسحب النقدي أو من خلال وضع البطاقة في جهاز خاص متصل بالإدارة المركزية المتخصصة في هذا النوع من المعاملات، حيث عرفته بعض عقود البطاقات المصرفية بأنه "مجموعة من الأحرف تنتج عن حساب تسلسلي منطقي" Algorithm " يُحرك عبر إدخال رمز سري".[1] وقد درجت البنوك منذ فترة طويلة على تضمين عقود إصدار بطاقات الائتمان أو بطاقات السحب الآلي شروطا تهدف إلى إعطاء الحجية الكاملة للتوقيع الإلكتروني الذي يصاحب استخدام هذه البطاقات. ويستخدم هذا النظام في المعاملات البنكية وغيرها وأوضح مثال عليه هو "البطاقات الممغنطة أو بطاقات السحب النقدي" وهي بطاقات بلاستيكية ممغنطة يصدرها البنك لعميله بشروط معينة ويعطي له رقما سريا غير معروف إلا للعميل وحده، ويقوم العميل بإدخال الرقم السري كتابة إلى الحاسب الآلي

1 - وسيم شفيق – الإثبات الإلكتروني - مرجع سابق- ص142.

ويطلب المبلغ المراد سحبه من جهاز الصرف الآلي الموجود خارج البنك وبدون أي تدخل من موظف البنك.[1]

وفي مرحلة لاحقة عندما تحقق الاتصال عن طريق الإنترنت بكفاءة عالية مما سمح بالتعامل عن طريق أجهزة الحاسب الآلي بين المشتركين على هذه الشبكة، لم يعد استخدام شبكات الاتصال مقصورا على المعاملات البنكية وبدأ من الضروري تمكين هؤلاء الأشخاص من إبرام العقود والتوقيع على المحررات التي يتم إفراغها فيها من خلال التوقيع الإلكتروني. وتم توثيق المراسلات والتعاملات الإلكترونية بطريقة التوقيع الكودي أو السري باستخدام مجموعه من الأرقام أو الحروف يختارها صاحب التوقيع لتحديد شخصيته ولا تكون معلومة إلا له هو فقط ومن يبلغه بها، وتسمى هذه الطريقة Personal Identification Number) واختصارا (PIN).

وتنحصر إجراءات التوقيع بالموافقة على عمليات السحب النقدي أو السداد بالبطاقة في الخطوات التالية:-

* إدخال البطاقة التي تحتوي على البيانات الخاصة بالعميل في دائره إلكترونية مغلقة مثبتة على البطاقه في الجهاز المخصص لذلك.
* كتابة الرقم السري المخصص لصاحب البطاقة (PIN)
* إصدار الأمر بالسحب أو بالسداد أو بالموافقه على العملية بالضغط على المفتاح الذي يكتمل به التعبير عن الإرادة في قبول العملية.[2]

---

1 - د.هدى حامد قشقوق – الصور الإجرامية لحالات السحب الإلكتروني من الرصيد – ورقة عمل مقدمة إلى ندوة أكاديمية الشرطة دبي- 2000م.

2 - د. حسن عبد الباسط جميعي- إثبات التصرفات القانونية التي يتم ابرامها عن طريق الانترنت- مرجع سابق- ص36.

ب/ تحويل التوقيع بخط اليد إلى توقيع إلكتروني :-

يمكن تحويل التوقيع اليدوي المكتوب إلى بيانات معلوماتية تمثله ويتم سحب التوقيع اليدوي وقراءته عبر جهاز الماسح (سكانر SCANNER) حيث يُأخذ التوقيع كمجموعة رسوم بيانية تُحفظ في ملف معلوماتي، و يمكن في كل حين طباعة هذا الملف للحصول على نسخة مكتوبة من التوقيع، كما يمكن إنزال هذا التوقيع على مستند ما وتناقله عبر شبكات الاتصال أو على أسطوانة ممغنطة. وفي حال استخدام وسائل تقنية عالية الجودة والفعالية في جهاز القراءة الإلكتروني (SCANNER) وفي الآلة الطابعة والورق، نحصل على تقليد ممتاز للتوقيع اليدوي بأدق تفاصيله.

وتظهر هذه الآلية للتوقيع الإلكتروني على أنها سهلة ولكنها غير آمنة على الإطلاق، إذ أنه في متناول الجميع إما خلق آلية توقيع عائدة لشخص آخر إذا كان يمتلك نموذجا عن توقيعه اليدوي، وإما نقل الملف المعلوماتي لتوقيع هذا الشخص. وأخيرا يمكن القول بأن هذا التوقيع غير مستعمل على نطاق واسع وغير معترف به كتوقيع قانوني موثوق في المبدأ، وإن كان من الممكن إكسابه بعض الموثوقية بقرنه بتقنيات التشفير.[1]

ج/ التوقيع الإحيائي القياسي (البيومتري) (Biometric signature)[2]:

يقصد بالتوقيع البيومتري التحقق من شخصية المتعامل بالاعتماد على الخواص الفيزيائية والطبيعية والسلوكية للأفراد، بمعنى استخدام الصفات

1 - وسيم شفيق- الإثبات الإلكتروني- مرجع سابق – ص186.

2 - يطلق علي هذا النوع من التوقيع بالقلم الإلكتروني، وفي الوقت الحاضر تدخل معظم الشركات المصنعة لهذه الأجهزة البيومترية وسائل التحقق ضمن جهاز الفأرة ولوحة المفاتيح وأجهزة إدخال معلومات أخرى.

الجسدية والسلوكية للإنسان لتمييزه وتحديد هويته، وهو يقوم على حقيقة علمية مفادها أن لكل فرد صفاته الجسدية الخاصة التي تختلف من شخص إلى آخر والتي تتميز بالثبات النسبي الذي يجعل لها قدراً كبيراً من الحجية في التوثيق والإثبات. والصفات الجسدية أو البيومترية التي يعتمد عليها التوقيع البيومتري متعددة من أهمها: البصمة الشخصية(Finger Printing) ومسح العين البشرية (Iris & Retina Scanning) والتعرف على الوجه البشري (FacialRecognition) وخواص اليد البشرية (HandGeometry) والتحقق من نبرة الصوت (Voice Recognition) وغير ذلك من طرق أخرى تعتمد على تعاقب نظم الحماية وتعددها في أي نظام واحد.[1]

ويتم التحقق من شخصية المستخدم أو المتعامل مع هذه الطرق البيومترية عن طريق إدخال المعلومات إلى الحاسب الآلي بعد التقاط صورة دقيقة لعين المستخدم أو صوته أو يده أو بصمته الشخصية وتخزينها بطريقه مشفرة في ذاكرة الحاسب الآلي ليقوم بعد ذلك بمطابقة صفات المستخدم مع هذه الصفات المخزنة ولا يسمح له بالتعامل إلا في حالة المطابقة. ويعيب على هذه الطريقة من التوثيق إمكانية مهاجمتها أو نسخها من قراصنة الحاسب الآلي عن طريق فك شفرتها، كما ينسب إليها أنها تفتقر إلى الأمن والسرية حيث تعمل الشركات المنتجة للطرق البيومترية على توحيد نظم عملها بالإضافة إلى أنها ليس لها نتائج كاملة الصحة.[2]

1 - عادل محمود شريف وعبد الله اسماعيل عبد الله – ضمانات الأمن والتأمين في شبكة الإنترنت – مؤتمر القانون والكمبيوتر والإنترنت – العين الإمارات العربية المتحدة (1-3) مايو 2003م.

2 - المرجع السابق.

د/ التوقيع الرقمي:Digital Signature-

التوقيع الرقمي هو أداة تعريف ينشئها مستخدم الحاسب الآلي بدلا من استخدامه القلم، وليس له صورة رقمية (Digital picture) كالتوقيع بخط اليد وإنما هو مقطع من البتات (Sequence of Bits) ينتج من استخدام دالة ترميز رقمي Hash Function ذات اتجاه واحد لخلق رسالة إلكترونية ثم يتم تشفير هذه الرسالة باستخدام خوارزم (Algorithm).

وتعتبر التقنية الأهم والشائعة الانتشار المستعملة في التوقيع الرقمي، هي تقنية المفاتيح أو التشفير(Cryptography) حيث جرى اعتمادها من قبل معظم الشبكات والدول وتعرف بالتوقيع الرقمي المرتكز على التشفير، ولعله الوحيد المستعمل على نطاق واسع ويحوز اعترافاً تبعاً لطابع الأمان الذي ويوفره. وتتم الكتابة الرقمية للتوقيع ولمحتوى المعاملة عن طريق التشفير الذي يتم باستخدام مفاتيح سرية وطرق حسابية معقده "لوغريثمات" تتحول بواسطتها المعاملة من رسالة مقروءه ومفهومه إلى رسالة رقمية غير مفهومة ما لم يتم فك تشفيرها ممن يملك مفتاح ذلك التشفير وتسمى هذه الرسالة Message .(Digest).

وفي شرح لآلية التوقيع، يوقِّع المتعامل في هذه التقنية باستعمال مفتاح معين لتشفير الرساله المعلوماتية، ويعمد مستقبل الرسالة إلى فك التشفير للحصول على المعلومات الأصلية فإذا أضحت الرسالة بعد فك التشفير واضحة ومقروءة، كان توقيع المرسل صحيحا، وعند استخدام أساليب وطرق التجارة الإلكترونية يحقق نظام التشفير أعلى درجة من الأمان.

الفرع الثالث:- مدى استيفاء التوقيع الإلكتروني للشروط اللازم توافرها في التوقيع التقليدي:

على ضوء الشروط الواجب توافرها في التوقيع العادي، التي سبق أن تناولها عند تناولنا لماهية التوقيع الإلكتروني، نحاول الوقوف على معرفة مدى استيفاء هذه الشروط في التوقيع الإلكتروني من أجل أن يحوز على الحجية القانونية في الإثبات.

أولاً: قدرة التوقيع الإلكتروني على التحديد الدقيق لشخصية مصدره

مما لا شك فيه أن نقل التوقيع على الإنترنت بمجرد النسخ أوالتصوير لا يحقق أي ثقه في تحديد شخصية من صدر عنه هذا التوقيع، إذ أن أي شخص يستطيع أن يلتقط هذه الصورة ويستخدمها كيفما يشاء ولعل هذا هو السبب في التصور السائد بعدم صلاحية التوقيع الإلكتروني للقيام بوظيفة التوقيع الذي نظمه المشرع في نصوص قانون الإثبات، ومع ذلك فإن الثقة التي تتوفر في التوقيع الإلكتروني وبالتالي مدى قدرته على تحديد شخصية من يصدر عنه، تتعلق بنوع التكنولوجيا المستخدمه في تأمين التوقيع.[1] وعند استعراض الأنواع المختلفة للتواقيع الأساسية نجد أن الإجراءات المتبعة في تأمين التوقيع عن طريق الرقم السري المرتبط ببطاقات التأمين ثم عن طريق "المفتاح الخاص" عند استخدام التوقيع الرقمي، تحقق قدراً من الثقة لا يمكن للتوقيع العادي أن يحققها، هذا ويتميز التوقيع الإلكتروني على التوقيع التقليدي الذي يتم بخط اليد في أن الاستيثاق من شخصية صاحب التوقيع يتم في كل مرة يُستخدم فيها الرقم السري أو

---

1 - Digital Signature Guidance, Tutorial, American Bar Association, Section of Science &Technology, Information security committee. http;//www.alanet.org/scitech/ec/isc/dsg-tutorial.html

المفتاح الخاص وبشكل روتيني، وبالتالي لا مجال للانتظار حتى ينشب النزاع للبحث في مدى صحة التوقيع كما هو الشأن في أغلب الأحوال بصدر المحررات الموقعة بخط اليد.(1)

من أهم التقنيات المستخدمة في تأمين التوقيع وتشفيره والاستيثاق من شخصية صاحب التوقيع، التقنية المستخدمة في تأمين التوقيع الرقمي عن طريق الرقم الخاص المعتمد من جهات تعرف بسلطة التصديق (Certification Authorities) CASs)) مرخص لها بالعمل وتتولى إصدار المفتاح الخاص، وتُصدر شهادة بصحة التوقيع وارتباطه بالمحرر الإلكتروني، وبأنه لا يمكن لغير صاحب المفتاح أن يعدل من صيغة المحرر، وتعتبر هذه الجهة شاهداً على صحة التوقيع الذي يصدر من صاحبه فلا يستطيع إنكاره. وعن طريق استخدام هذه التقنية يمكن القول أن التوقيع الإلكتروني يؤدي في مفهومه التقني وظائف التوقيع التقليدي من النواحي التالية:-

* التعريف بالموقع : إذ أن كل مفتاح خاص يتصل بشخص معين، فلا يمكن تزوير التوقيع إلا إذا فقد الموقع الرقابة على مفتاحه الخاص إما باكتشافه أو بضياع الجهاز الذي يحتويه.
* تصديق الرسالة : التوقيع الإلكتروني يصدق الرسالة بدقة أكبر بكثير من التوقيع اليدوي.
* عدم إمكانية إنكار المرسل الرسالة (Non Repudiation) (2)

---

1 - د. حسن عبد الباسط جميعي – إثبات التصرفات القانونية التي يتم إبرامها عن طريق الإنترنت- مرجع سابق- ص46 .

2 - What is Digital Signature and how does it work. Http // www. a i. Org/ digit al signatures / ds fag . Html.

ثانياً: قدرة التوقيع الإلكتروني على التعبير عن إرادة صاحبه في الرضا بالتعاقد والقبول بالالتزام به:-

وتتعلق هذه الوظيفة بمسألة التأكد من رضا صاحب التوقيع وقبوله الالتزام بمضمون التصرف القانوني وإقراره له. فبالنسبة للتوقيع الكتابي إذا ثبتت نسبة المحرر إلى موقعه كان ذلك دليلا على قبوله الالتزام بمضمون العمل القانوني المدون بالمحرر وعلى ذلك فتوقيع الشخص بخط يده أو بأي وسيلة يقرها القانون على ورقة يؤكد إقراره بما يدون بها وقبوله الالتزام بما ورد فيها من تصرفات قانونية.

وبالنسبة للتوقيع الإلكتروني فيستفاد رضا الموقع وقبوله الالتزام بمجرد وضع توقيعه بالشكل الإلكتروني على البيانات التي يحتويها المحرر الإلكتروني، فحين يأخذ التوقيع المعلوماتي هيئة أرقام سرية أو رموز محددة تحفظ في حوزة صاحبها، ومن ثم لا يعلمها غيره، فإذا ما استخدمت هذه الأرقام، أي وقع بها صاحبها، فإن مجرد توقيعه هذا يدل على موافقته على البيانات والمعلومات التي وقع عليها وأنه يرغب في الالتزام بها، وهذا ما يجري عمليا حين استخدام بطاقات الائتمان، وهي إحدى صور التوقيع الإلكتروني، فبمجرد إدخال البطاقة من جانب صاحبها "حاملها" في الفتحة المخصصة لذلك في جهاز الصرف الآلي، ثم قيامة بإدخال الرقم السري الذي يحتفظ به شخصيا على وجه الانفراد ثم يلي ذلك إعطاء موافقته الصريحة على سحب المبلغ المطلوب والمبين أمامه على شاشة الجهاز. ففي هذه العملية نجد أن العميل صاحب البطاقة قد عبر عن إرادته الصريحة بمجرد توقيعه الإلكتروني المترجم في شكل أرقام أو رموز أو شفرة معينه استعملها حين تعامل مع جهاز الصرف الآلي. ثم أنه أعطى أمراً للجهاز بسحب المبلغ الذي

يريده شخصيا، ويعد ذلك في مجمله رضى منه وقبول بمضمون المحرر الإلكتروني طالما أن جهاز الحاسب الآلي أجرى تسجيلا للعملية والتي لا تتم إلا من خلال القيام بإجراءين متعاصرين ودون تدخل بشري من جانب البنك يكفي في حد ذاته للتدليل على صدور إرادة صاحب البطاقة بشكل صريح بقبوله الالتزام بنتائج العملية.(1)

الفرع الرابع:- الحجية القانونية للتوقيع الإلكتروني

بما أن التوقيع هو شرط وجود العمل الموثق، إذن فالإعتراف بوجود وسيلة إلكترونية مماثلة للسند الورقي التقليدي ليس له قيمة حقيقية مالم يقترن بإقرار مساواة التوقيع الإلكتروني بالتوقيع اليدوي. أقر القانون النموذجي للتجارة الإلكترونية القوة الثبوتية للتوقيع الإلكتروني ونص في المادة السابعة على أنه " عندما يشترط القانون وجود توقيع، يستوفى ذلك الشرط بالنسبة لرسالة البيانات إذا:- استخدمت طريقة لتعين هوية ذلك الشخص والتدليل على موافقته على المعلومات الواردة في رسالة البيانات، وكانت تلك الطريقة جديرة بالتعويل عليها بالقدر المناسب للغرض الذي أنشئت أو ابلغت من أجله رسالة البيانات، في ضوء كل الظروف بما في ذلك أي اتفاق متصل بالأمر". وركزت المادة السابعة من القانون على الوظيفتين الأساسيتين للتوقيع وهما تعين هوية محرر الوثيقة والتأكيد على موافقته على مضمونها، وحددت المبدأ الذي يفيد بأن الوظائف القانونية الأساسية للتوقيع في البيئة الالكترونية يتم تحققها باستخدام طريقه لتعيين هوية منشئي رساله البيانات والتأكيد على موافقته على تلك الرسالة، وينبغي أن تكون هذه

1 - د. ثروت عبد الحميد- التوقيع الإلكتروني-(ماهيته- مخاطره، وكيفية مواجهتها مدى حجيته في الإثبات- مكتبة الجلاء الجديدة بالمنصورة – الطبعة الثانية – 2002م - ص 53.

الطريقة موثوقا بها بالقدر المناسب للغرض الذي من أجله أُنشئت أو أُبلغت أو نُقلت، مع الأخذ في الاعتبار جميع الظروف بما في ذلك إبرام أي اتفاق بين منشئي الرسالة والمرسل إليه.[1]

وبتحقق هذه الشروط لم يعد هنالك ما يمنع من الإعتداد بالمحرر والتوقيع الإلكترونيين كدليل كتابي كامل في الإثبات، وهو ما نصت عليه مجموعة من القوانين والتشريعات الحديثة، ومن هذه القوانين:-

قانون التعاملات الإلكترونية السعودي حيث نص في المادة الخامسة على أنه:-"يكون للتعاملات والسجلات والتوقيعات الإلكترونية حجيتها الملزمة، ولا يجوز نفي صحتها أو قابليتها للتنفيذ، ولا منع تنفيذها بسبب أنها تمت- كلياً أو جزئياً- بشكل إلكتروني، بشرط أن تتم تلك التعاملات والسجلات والتوقيعات الإلكترونية بحسب الشروط المنصوص عليها في هذا النظام".

كما نصت المادة (9) من نفس القانون على أنه: "يقبل التعامل الإلكتروني أو التوقيع الإلكتروني دليلا في الإثبات إذا استوفى سجله الإلكتروني متطلبات حكم المادة الثامنة من هذا النظام. وأنه يجوز قبول التعامل الإلكتروني أو التوقيع الإلكتروني قرينة في الإثبات حتى وإن لم يستوف سجله الإلكتروني متطلبات حكم المادة الثامنة من هذا النظام. وأنه يُعد كل من التعامل الإلكتروني والتوقيع الإلكتروني والسجل الإلكتروني حجة يعتد بها في التعاملات، وأن كلاً منها على أصله (لم يتغير منذ إنشائه) مالم يظهر خلاف ذلك".

1 - التعليق علي المادة 7-الفقرة 57.

ونص قانون المعاملات الإلكترونية الإردني أيضاً في المادة (7/أ) على" أنه يعتبر السجل الإلكتروني والعقد الإلكتروني والرسالة الإلكترونية والتوقيع الإلكتروني منتجاً للآثار القانونية ذاتها المترتبة على الوثائق والمستندات الخطية والتوقيع الخطي بموجب أحكام التشريعات النافذة من حيث إلزامها لأطرافها أو صلاحيتها في الإثبات".

وفي ذات الإتجاة ذهب المشرع البحريني عندما نص في المادتين(5،6) من المرسوم رقم 28 لسنة 2002م بشأن المعاملات الإلكترونية على أنه " للسجلات الإلكترونية ذات الحجية المقررة للمحررات العرفية". ونص في المادة (1/6) على أنه " لا ينكر الأثر القانوني للتوقيع الإلكتروني من حيث صحته وإمكان العمل لمجرد وروده كلياً أو جزئياً في شكل إلكتروني".

وقد نص على ذات المفهوم القانون التونسي الخاص بالمبادلات التجارية الإلكترونية رقم 83 لسنة 2000م في المادة (1) على أنه " يجري على العقود الإلكترونية نظام العقود الكتابية من حيث التعبير عن الإرادة ومفهومها القانوني وصحتها وقابليتها للتنفيذ فيما لا يتعارض وأحكام هذا القانون".

الباب الثالث

قواعد الإسناد وعقود التجارة الإلكترونية

الباب الثالث

قواعد الإسناد وعقود التجارة الإلكترونية

مع وجود ونمو شبكة المعلومات الدولية (الإنترنت) نشأ مجتمع فضائي Cyber Society أو فضاء افتراضي (Cyber Space) مقسم إلى شبكات أو مناطق إلكترونية أكثر منه إلى دول أو أقاليم، يبدو وكأنه يعلو الأقاليم الجغرافية لكل الدول حيث لا تحده حدود جغرافية أو سياسية. وبالنظر إلى الطابع الدولي لنشاط شبكة (الإنترنت)، تستخدم هذه الشبكة في تفعيل وتسهيل المعاملات والمبادلات الدولية للسلع والخدمات حيث تبرم يوميا آلآف الصفقات التجارية والعمليات المصرفية، حيث إن الطابع الدولي لنشاط الشبكة يضع كماً هائلاً من الدول في حالة اتصال دائم ويجعل المعلومات والبيانات التي يتم إدخالها وتحميلها على الشبكة تنتشر في ثواني معدودة في كل تلك الدول.[1]

وترتب على عولمة الاتصال والمعلومات عولمة الاقتصاد، حيث أتاحت هذه الوسائل سوقاً هائلاً أمام عشرات بل مئات الملايين من التجار والمستهلكين الذين بات بمقدورهم- ودون حاجة للالتقاء ودون حاجة لأي وسائل مادية- الحصول على السلع والخدمات المتاحة في هذا السوق، تلك العولمة الاقتصادية تبصر بأن أغلب العمليات والعقود التي تتم عبر الشبكة الدولية هي بالضرورة ذات" طابع دولي" حيث يتدخل فيها أشخاص متواجدون ومنتمون إلى دول مختلفة، فالعقود التي تبرم عبر الإنترنت يكون أطرافها: مستخدم للشبكة مقيم في دولة ومورد أو مقدم خدمات الاشتراك في

1 - د. أحمد عبد الكريم سلامة - القانون الدولي الخاص النوعي(الإلكتروني-السياحي-البيئي)-دار النهضة العربية- 2000م – ص 32.

الشبكة مقيم في دولة ثانية وشركة تكنولوجيا معالجة البيانات وإدخالها وتحميلها عبر الشبكة من دولة ثالثة.[1]

ولا خلاف في أن ذلك الطابع الدولي للمعاملات التي تتم عبر الإنترنت، يثير العديد من المشكلات في القانون الدولي الخاص لا سيما مشكلة تحديد المحكمة المختصة بالنظر للمنازعات التي تنشأ عن تلك المعاملات ومشكلة القانون الواجب التطبيق عليها من بين القوانين التي تتنازع حكمها. ورغم أن مسألة الاختصاص التشريعي والقضائي بمنازعات العقود كانت محلاً لدراسات معقدة في القانون الدولي الخاص، إلا أن صعوبة بحثها في نطاق عقود التجارة الإلكترونية ترجع إلى أن خصوصية البيئة التي تبرم فيها هذه العقود تجعل تركيزها تركيزاً مكانياً مسألة خلافية، كما تجعل تطبيق عوامل الإسناد التقليدية التي يقوم على أساسها تحديد القانون الواجب التطبيق وأيضاً تحديد المحكمة المختصة مسألة صعبة ومعقدة، هذا في حين أن ازدهار التجارة الإلكترونية يتطلب خضوعها لنظام قانوني معروف سلفاً لأطرافها بحيث يرتبون على أساسه مواقفهم وتتحدد في ضوئه حقوقهم والتزاماتهم.[2]

ومن هنا ذهب جانب من الفقه إلى أن القواعد التقليدية للقانون الدولي الخاص قد أضحت متخلفة عن مجاراة الوثبة السريعة التي أحدثها التعامل عبر الإنترنت، ومن ثم فهي تحتاج إلى تطوير حتى تظل صالحة لمواجهة هذا العالم الجديد، عالم تكنولوجيا المعلومات والاتصالات، وهو العالم الذي

1- د.أحمد الهوا ري- عقود التجارة الالكترونية في القانون الدولي الخاص-دراسة مقدمة إلى مؤتمر الأعمال المصرفية الالكترونية بين الشريعة والقانون- (10-15) مايو 2003م.

2 - دراسة الوايبو –Primer on E. Commerce &Intellectual Property Issues - مرجع سابق.

لم يكن يتوقع المشرعون والقضاة والاتفاقيات الدولية وجوده وقت وضع القواعد والأحكام القانونية القائمة، ومن ثم فهم مدعون للتطور ولإدخال التعديلات اللازمة لتلك القواعد والأحكام.[1] وذهب أنصار هذا الاتجاه إلى أنه يجب تطبيق قانون موضوعي يتكون من قواعد موضوعية تستجيب للخصوصية التقنية سريعة التطور كالإنترنت، فالقانون الموضوعي الإلكتروني الدولي هو تنظيم قانوني ذو طبيعة موضوعية وذاتية خاصة بالعمليات التي تتم عبر الإنترنت، ويتكون من مجموعة من العادات والممارسات المقبولة التي نشأت واستقرت في المجتمع الإفتراضي للإنترنت وطورتها المحاكم ومستخدمو الشبكة وحكومات الدول في مجال الاتصال والمعلومات. وهكذا يتميز بتلقائية نشأته لأنه لم يصدر عن سلطة وطنية (لأن الإنترنت لا يقوم على تنظيمها جهة رسمية مركزية)، ولأنه لا يحتاج لتدخل السلطة العامة لتطبيقية. وتتيح هذه الطبيعة التلقائية للقانون الموضوعي الإلكتروني أن يتطور باستمرار مع تطور حاجات المتعاملين عبر الشبكة الدولية للمعلومات كما تتيح له التوافق مع توقعات المتعاملين مع الشبكة، لأنه ينشأ من خلال ممارساتهم وعاداتهم المقبولة وهو يجنبهم قصور القواعد الوطنية عن مجاراة أنماط معاملاتهم. ويستمد هذا القانون قواعده الموضوعية من مصادر عديدة تتمثل في الممارسات التعاقدية التي تهيمن على المعاملات التي تتم عبر الشبكة والتي تهدف إلى احترام قواعد السلوك المستقرة في مجال التعامل عبر الشبكة والقواعد الحاكمة لسياسة استعمال الشبكة، وكذلك احترام القانون واحترام سرية المعلومات وحقوق

1 -Buenstien: A global network in compartmentalized environment Mélanges Pelichet, Klumer Law International, The Hauge 1998. مشار إلية في د.أحمد عبد الكريم سلامه - مرجع سابق

الملكية الفكرية. وإلى جانب ذلك تأتي الأعراف والعادات والممارسات المستقرة في الأوساط المهنية لذلك المجتمع الإفتراضي لتمثل مصدرا من مصادر القواعد التي تحكمه، كذلك تعتبر تقنيات السلوك التي تم وضعها بمعرفة الهيئات والمؤسسات التي تسعى إلى الحفاظ على نظام أخلاقي قويم عند التعامل عبر شبكات المعلومات الدولية أحد المصادر الهامة لقواعد القانون الموضوعي الإلكتروني. وأخيرا فإن هنالك عدداً من القواعد الموضوعية لهذا القانون ذات نشأة اتفاقية حيث تم تكريسها بواسطة اتفاقيات دولية، ولعل أهم هذه القواعد توجد في قانون التجارة الإلكترونية (الأونسيترال) الذي وضعته لجنة الأمم المتحدة لقانون التجارة الدولية.[1]

وذهب جانب آخر من الفقه إلى أن هذه القواعد الموضوعية ذات النشأة التلقائية التي دعا إليها أصحاب الرأي الأول لا تحقق الأمان للمتعاملين عبر شبكات المعلومات، إذ أنها تفتقد لعنصر الإلزام لعدم اقترانها بجزاء توقعه سلطة عامة عند مخالفتها ويعتمد تطبيقها على إرادة الأطراف، ومن ناحية ثانية فإنه لا يمكن تصور استقلال المجتمع الإفتراضي التام عن الدول الوطنية لأن أعضاءه في نهاية الأمر هم أشخاص حقيقيون يستخدمون وسائل مادية لا يمكن إلا أن تتمركز في إقليم دولة محددة يكون لقانونها كذلك سببا للتدخل، وعلى ذلك يرى هؤلاء أنه لابد من الإستعانة بالقواعد القانونية السائدة في النظم القانونية الوطنية لمختلف الدول التي ترتبط بها العمليات عبر الإنترنت واستدعاء تطبيقها بمناهج القانون الدولي الخاص، فالقواعد القانونية الوطنية العامة يمكن تطويعها كيفما تتلاءم مع خصوصية التعامل الرقمي وعالم البيانات والمعلومات، وهي كفيلة بتقديم الحلول المناسبة لما

1 - د. أحمد عبد الكريم سلامة- المرجع السابق- ص 43.

يعرض من مشاكل في مجال القانون الدولي الخاص سواء على مستوى الاختصاص القضائي الدولي أم على مستوى تنازع القوانين.[1]

وإزاء الصعوبات والمشاكل التي يحتمل أن يتسبب فيها اختصاص محاكم الدول بمنازعات المعاملات على شبكات الاتصال الإلكترونية، اتجه الفكر والعمل إلى إيجاد آليات بديلة لتسوية تلك المنازعات تتفادى الإصطدام بالطابع الإقليمي والمادي لمعايير فض التنازع القضائي، وتكفل تسوية غير مكلفة وسريعة وفعالة دولياً وهو ما توفره بعض الآليات المتداولة في العمل مثل التحكيم وغيره من الآليات التي تقوم على الاختيار الحر لأطراف النزاع. وابتدع العمل أيضا آليات لتسوية منازعات التجارة الالكترونية خارج المحاكم، يجري اتخاذ إجراءاتها على قنوات من نفس طبيعة القنوات الإلكترونية التي جرى من خلالها التعامل محل النزاع وهي آليات التسوية على الخط المباشر (On line dispute resolution procedure).

وبالتوازي لهذا التطور اعتنت بعض المؤسسات الدولية ذات الاختصاص بحماية جانب من الحقوق محل التنازع على شبكات الاتصال الإلكترونية، مثل المنظمة العالمية للملكية الفكرية (الوايبو)، بوضع أنظمة تشريعية وقضائية توفر حماية عالمية لحقوق الملكية الفكرية المطروح التعامل عليها على تلك الشبكات، وهو ما يتغلب على القصور الذي يشوب عمل القوانين والمحاكم الوطنية فيما يتعلق بإنحصار الحماية التي توفرها في الحدود الإقليمية للدول وأيضا فيما يتعلق بتحديد القانون الواجب التطبيق على النزاع والمحكمة المختصة بنظره.

1 - المرجع السابق- ص 67.

نستعرض من خلال الفصل الأول عوامل الإسناد التقليدية ونتناول في الفصل الثاني مدى ملائمة قواعد الإسناد التقليدية لتحديد القانون الواجب التطبيق على منازعات التجارة الإلكترونية العقدية، أما الفصل الثالث فنتناول فيه الوسائل البديلة لتسوية هذه المنازعات عبر قنوات الاتصال الإلكترونية.

الفصل الأول
قواعد الإسناد التقليدية

بهدف دفع عجلة التجارة الدولية بين الأفراد باعتبارها وسيلة تبادل اقتصادي هائل عبر الحدود، قامت كل دولة بوضع القواعد والأسس التي يستند ويتقيد بها القضاة العاملون على إقليمها لحسم ما يتعلق بها من مسائل الإختصاص التشريعي والإختصاص القضائي وتنفيذ الأحكام المتعلقة بالمنازعات الخاصة المترتبة عنها والمنضوية على عنصر أجنبي. والغاية من هذه القواعد المعروفة بقواعد الإسناد، في تحديد القانون الذي يستقل بحكم النزاع المتعلق بأكثر من دولة، أنها تتولى توطين المنازعات ذات الطابع الدولي في بلد معين وخضوعها لقانونه باعتبار هذا البلد أقوى صلة بالعلاقة من القوانين الأخرى.[1]

وتثير العقود الدولية مشكلات الاختصاص القضائي الدولي بمنازعاتها والقانون واجب التطبيق عليها، وعند تحديد القانون الواجب التطبيق على العقود التجارية ذات الطابع الدولي، تعتبر قاعدة خضوع العقد الدولي من حيث موضوعه لـ"قانون الإرادة"، أي خضوعه للقانون الذي يختاره المتعاقدان، من أشهر قواعد القانون الدولي الخاص التي تكرسها جل النظم القانونية الوطنية.[2] وقد كرست هذه القاعدة العديد من الاتفاقيات

1 - د.محمد ابراهيم ابو الهيجاء- عقود التجارة الالكترونية-دار الثقافة للنشر والتوزيع-2005-ص 145.

2- نذكر من هذه النظم القانون المصري (م1/19مدني) وكذلك قوانين الدول الأوروبية مثل الألماني لسنة 1986 (1/27مدني) والقانون السويسري لعام 1987 (م1/116) والقانون النمساوي لعام 1979 (م 1/35) والقانون الأسباني لعام 1974 (م5/10 مدني) والقانون الكندي لعام 1979

=

الدولية مثل اتفاقية لاهاي لعام 1978م حول القانون الواجب التطبيق على عقود الوساطة التجارية في المادة (1/5) وكذلك اتفاقية روما لعام 1980م بخصوص القانون الواجب التطبيق على الالتزامات التعاقدية في المادة (1/13) وجميعها تنص على تطبيق القانون الذي اختاره الأطراف.

واختيار قانون العقد قد يكون "صريحا" يتم من خلال إدراج شرط في العقد يحدد فيه الأطراف القانون الواجب التطبيق على عقدهم، وإن كان الأصل أن يتم الاتفاق على اختيار قانون العقد الدولي لحظة إبرام العقد فإن هذا الاتفاق يمكن أن يتراخى لما بعد الإبرام، وعند نشوء النزاع يكون للأطراف تعديل اتفاقهم بخصوص القانون الذي اختاروه دون الإضرار بحقوق الآخر حسن النية. وكما أنه قد صار من المألوف في التجارة الدولية والنقل الدولي وجود عقود نموذجية يخضع كل منها لقانون معين منصوص عليه فيه، وتجري المعاملات بهذه العقود ويخضع كل عقد للقانون المنصوص عليه فيه بغض النظر عن وجود أية صلة أخرى من عدم وجودها بين العقد وقانون الإرادة.[1]

وكذلك قد تكون إرادة المتعاقدين "ضمنية" تُستقى من ظروف العقد، مثل اختيار المتعاقدين للغة معينة لتحرير العقد أو استعمال مصطلحات قانونية معروفة في قانون معين أو اختيار عملة بلد معينه للوفاء أو اشتراط تنفيذ العقد في دولة معينة أو جعل الاختصاص بنظر المنازعات المتولدة عن

=

م24) والقانون التركي لعام 1982 (م 24) كذلك بعض القوانين الأنجلو أمريكية نذكر منها القانون الأمريكي والأسترالي والكندي والقانون الإنجليزي.

1 - د. عز الدين عبد الله - القانون الدولي الخاص- ج 2 (تنازع القوانين) – دار النهضة العربية – 1974م - ص430.

العقد بمحاكم دولة معينة مما يفيد انصراف نية المتعاقدين إلى إخضاع العقد لقانون محكمة تلك الدولة.

فإذا ما انعدمت الإرادة الصريحة للمتعاقدين حول اختيار القانون الواجب التطبيق وتعذر على القاضي الكشف عن نيتهم الضمنية، يحدد القاضي القانون الذي يحكم هذا العقد عن طريق تركيز أو توطين العقد(Localization) أي وضعه في مكان يخضع لقانونه باعتباره الأنسب لحكم المنازعات المترتبة عليه، بحيث يفترض أن طرفي العقد كانا سوف يختارانه فيما لو واجها مسالة اختيار قانون يحكم عقدهما لأنه الأكثر ارتباطا به فالبحث يجري هنا عن رابطة موضوعية تربط العقد بقانون معين بحيث يعتقد أو يفترض أن إرادة أطرافه اتجهت إلى تطبيق هذا القانون، وهو على وجه التحديد قانون الدولة التي ترتبط بالعقد بروابطه الأكثر وثوقا لينتهي إلى اعتبار قانون هذه الدولة هو قانون العقد. وتعتبر كثير من النظم الوطنية وكذلك الاتفاقات الدولية أن الدولة التي يرتبط بها العقد بروابطه الأكثر وثوقاً هي الدولة التي يوجد بها محل الإقامة العادية لطرف العقد المدين بالإلتزام المميز له، ومن هذه النظم القانون الدولي الخاص السويسري الذي تقرر المادة (117) منه أن "العقد يرتبط بالدولة التي يوجد بها محل إقامة أو منشأة الطرف الذي يلتزم بالأداء المميز للعقد بأكثر روابطه وثوقا".

ومن بين المؤشرات الدالة على إرادة طرفي العقد، سواء الضمنية أو المفترضة، مكان إبرام العقد ومكان تنفيذه والموطن المشترك للمتعاقدين أو

جنسيتهما المشتركة ولغة العقد وشكل مستنداته وشروط التحكيم وعلاقة العقد بتعامل سابق بين طرفيه.[1]

وبالنسبة لمسألة الاختصاص القضائي الدولي وفيما عدا وجود بند خاص في العقد يحدد المحاكم أو الجهة المختصه بنظر منازعاته،أي اتفاق أطرافه على اختصاص المحكمة، فتحدد مختلف الدول اختصاص محاكمها بالفصل في المنازعات ذات الطابع الدولي استنادا إلى عدد من الضوابط العامة المعمول بها في مختلف النظم القانونية ولعل أهم هذه الضوابط وأكثرها شيوعا هو ضابط موطن أو محل إقامة المدعى عليه، وكذلك يمكن عقد الاختصاص الدولي للمحاكم الوطنية استنادا إلى ضابطي محل إبرام العقد ومحل تنفيذ هذه العقود.[2]

وعند غياب الاتفاق بين اطراف العقد على تقرير القانون الذي يحكم العقد، فقد اختلفت التيارات الفقهيه في تقريره، ما لم يكن المشرع قد حدد عوامل الإسناد مسبقاً بضوابط إسناد وذلك في إتجاهين الأول صوب الإسناد الجامد للرابطة العقدية، والثاني صوب الإسناد المرن للرابطة العقدية.

الإتجاة الأول:- ضابط الإسناد الجامد في الرابطة العقدية

يقصد بالإسناد الجامد " أقرب القوانين صلة بالرابطة العقدية وفقاً لما يراه المشرع، مثل قانون جنسية أو موطن الأطراف أو قانون بلد تنفيذه". ويعد

1 - المرجع السابق- ص422.

2 - د. عصام الدين القصبي- تنازع الاختصاص القانوني والقضائي في مجال التجارة الإلكترونية – دراسة مقدمة إلي مؤتمر الأعمال المصرفية الإلكترونية بين الشريعة والقانون- غرفة تجارة وصناعة دبي(10-12) مايو 2003م.

من أكثر المعايير شيوعاً للإسناد الجامد للعقود الدولية معيارا بلد الإبرام وبلد التنفيذ.[1]

ويكفل التحديد المسبق للقانون الذي يحكم العقد،أي ما يراه المشرع أكثر صلة بالعقود الدولية عند سكوت اطراف العقد صراحةً أو ضمناً عن اختيار القانون الذي يحكم العقد، الأمان لجانب المتعاقدين وذلك لمعرفتهم المسبقة به من ناحية، ويكفل استقرار التجارة الدولية من الناحية الأخرى.[2] نتناول فيما يلي معيارا اسناد العقد لقانون بلد الإبرام وقانون بلد التنفيذ حيث يعدان من أكثر المعايير شيوعاً.

أولا:- اسناد العقد لقانون بلد الإبرام

فيما يتعلق بقاعدة اسناد العقد لقانون بلد الإبرام فهي تعد من أكثر المعايير شيوعاً. اختلفت التشريعات التي أخذت بهذة القاعدة حول موضوع "الأفضلية" الممنوحة لهذا القانون. ويعلل أصحاب هذا الاتجاه اختيارهم لقانون بلد ابرام العقد، أنه يمثل الصلة الأقوى التي تربط العقد بمحل ميلاده، كما أنه القانون الأنسب لطرفي العقد للرجوع إليه للتأكد من سلامة الشروط التي ينوون إدراجها في العقد من الناحية القانونية مع ضمانه لوحدة القانون الواجب التطبيق على الرابطة العقدية.[3]

1 - د.محمد إبراهيم أبو الهيجاء- مرجع سابق- ص 153.
2 - د. هشام علي صادق- القانون الواجب التطبيق على عقود التجارة الدولية-دار الفكر الجامعي- الإسكندرية- 2001م ص 549.
3 - المرجع السابق – ص 154.

ثانياً:-اسناد العقد لقانون بلد التنفيذ

ذهبت بعض التشريعات إلى الإسناد المسبق لقانون دولة التنفيد، عند سكوت الأطراف عن الإختيار الصريح أو الضمني عن تحديد القانون الذي يحكم العقد، بوصفة تعبيراً عن مركز الثقل في الرابطة العقدية أي باعتباره القانون الأوثق صلة بالرابطة العقدية. ويبني أصحاب هذا الإتجاه حججهم على أساس أن مصالح المتعاقدين والغير تتركز في دولة التنفيذ، ذلك أن اهتمامات المتعاقدين وتطلعاتهم تتوجه منذ البداية إلى مكان تنفيذ العقد والتي تتحقق معها الغاية من التعاقد. ويثار التساؤل فيما لو تعددت أماكن تنفيد الإلتزام، كأن يكون تنفيذ العقد في أكثر من دولة ، فأي القوانين سيحكم سلسلة أماكن التنفيذ؟ ذهب رأي إلى تجزئة العقد واخضاع كل جزء ينفذ منه لقانون تلك الدولة، إلا أن هذا الرأي قد إنتُقد على أساس أنه لا يتمشى مع التجارة الدولية وتيسير أعمالها حيث سيتحمل المتعاقدان تبعة الإطلاع على سائر تلك القوانين المتعلقة بموضوع العقد من ناحية واحتمالية تعارض قوانين أي من هذه الدول ومصلحة المتعاقدين من الناحية الأخرى. ويذهب رأي آخر إلى الإعتداد بأكثر الأماكن ارتباطاً لتحديد القانون الواجب التطبيق على العقد إلا أن هذا الرأي قد أنتُقد أيضاً على أساس أنه يمثل خروجاً وإنتهاكاً للمعيار الذي استند إليه أصحابه منذ البداية، فكيف تتوجه اهتمامات وتطلعات المتعاقدين لهذا البلد بالذات إن تساوت المصالح.

الإتجاة الثاني:- ضابط الإسناد المرن في الرابطة العقدية

يذهب أصحاب هذا الإتجاة إلى تحديد القانون الأوثق صلة بالرابطة العقدية بناءاً على ضوابط مرنة في حال سكوت إرادة المتعاقدين عن الإشارة

إلى القانون الواجب التطبيق على عقدهم الدولي. وتهدف هذه الروابط إلمرنة إلى تركيز الرابطة العقدية في ضوء ظروف التعاقد لكل حالة على حدة وصولا لتطبيق القانون الذي يشكل مركز الثقل في الرابطة العقدية، وبالتالي لا تعتمد على محددات ثابتة للتطبيق على كافة العقود الدولية، وهو ما يختلف عن الإسناد الجامد القائم في تحديد القانون الذي يحكم العقد .

إلا أن الإسناد المرن وما يقوم عليه من تحديد للقانون الأوثق صلة بموضوع العقد، وما يكفله من تحقيق للعدالة على نحو لا يحققه الإسناد الجامد للرابطة العقدية، لم يسلم أيضا من النقد الذي يتجلى في جانب الخطورة التي قد يتعرض لها المتعاقدان والتي تتمثل في فقدانهم لمعرفة الجانب القانوني في بعض الحالات، حيث سيحكم اتفاقهما قانون يتعذر عليهما معرفته مسبقاً عند التعاقد، حيث تحدده المحكمة في حال سكوت إرادة المتعاقدين عن الإشارة إلى القانون الواجب التطبيق على عقدهم الدولي.(1)

1 - د. محمود محمد ياقوت- حرية المتعاقدين في اختيار قانون العقد الدولي- منشأة المعارف- الإسكندرية- 2000م- ص 154.

الفصل الثاني

مدى ملائمة قواعد الإسناد للتطبيق على منازعات التجارة الإلكترونية

عند تناول مسالة الاختصاص القضائي الدولي والقانون واجب التطبيق على عقود التجارة الإلكترونية، فمن الطبيعي أن تظهر المنازعات في بيئة التجارة الإلكترونية تماماً كما هو الحال في العالم المادي غير الإلكتروني، كالمنازعات التي تتصل بإبرام العقد وتنفيذه وتفسيره والمنازعات التي تتصل بالعناصر المرتبطة بالتجارة الإلكترونية ومنازعات الملكية الفكرية وتحديداً بالنسبة للعلامات التجارية واتصالها بأسماء مواقع التجارة الإلكترونية، وغالباً ما تتضمن كل هذه المنازعات عنصراً أجنبياً نسبة لقيامها ابتداءاً بين أطراف خارج نطاق الإقليم الواحد.

وفي هذا الصدد فإن السؤال الذي يطرح نفسه هو: كيف يتم تنظيم العلاقات والروابط ذات الطابع الدولي على عقود التجارة الإلكترونية في حالة عدم وجود اتفاق بين اطرافها يحدد القانون واجب التطبيق؟ وهل تطبق قواعد الاختصاص التقليدية على بيئة الإنترنت أم أن الاختصاص التشريعي في هذه البيئة الإلكترونية يكون اختصاصا منفصلا يحدده مشغلي ومستخدمي الشبكات بعيدا عن اختصاص الدول والحكومات، حيث إن غالبية التعريفات الحديثة تستخدم مصطلح "الإختصاص" في الفضاء الإفتراضي للإشارة إلى نظام العاملين أو سلطة مستخدمي الشبكة في إنشاء قوانين وتطبيقها على مجتمع الفضاء الإفتراضي.(1)

---

1 - "The term Cyber-jurisdiction is often used to refer to the system operator's or user's power to establish rules and enforce them in a community setup in cyberspace, or virtual space in the virtual world which is perceived as a place on the internet and is independent from government. Stephan Wilkes - International jurisdiction in cyber =

وحتى يتسنى لنا تنظيم العلاقات والروابط ذات الطابع الدولي على منازعات العقود الإلكترونية الدولية، لابد من الإستعانة بقواعد القانون الدولي الخاص وإعمال مبادئه للمساهمة في توضيح وحل هذه الإشكاليات. وعند إعمال مبادئ القانون الدولي الخاص على المنازعات المترتبة على المعاملات الإلكترونية، يمكن القول بصورة جوهرية أن كل دولة يقوم لها الإختصاص التشريعي على الأنشطة التي تمارس داخل حدودها الإقليمية بنفس القدر الذي تمارسه على سلوك وأفعال مواطنيها ولو كانوا خارج حدودها الجغرافية.[1] وعند تطبيق هذه المبادئ، كمبدأ الإقليمية ومبدأ الجنسية، فإنه يمكن للدولة المعينة انطلاقاً من مبدأ سيادتها وسلطتها أن تفرض على مزودي خدمة الإنترنت (Internet Service Providers) الذين يعملون داخل حدودها الإقليمية التقيُد بقوانينها الوطنية، وأن تقوم بمراقبة الأنشطة التي تقع داخل حدودها ولو كانت هذه الأنشطة تمتد إلى خارج الحدود المحلية، كما لها أيضاً حجب المواقع التي تبث مواد فاحشة أو مواد تنتهك قوانينها الداخلية إذا كانت هذه المواقع تدار من داخل حدودها الإقليمية، إلا أن مبدأ الإقليمية لا يسمح بتطبيق القانون الوطني خارج حدود الإقليم المعيين، وعلى ذلك فإنه يمكن للدول الإسلامية أن تلزم مزودي الخدمة داخل حدودها الإقليمية

---

space- Which state may regulate the Interne - Research & Teaching Fellow, Admitted to New York Bar

1- Stephan Wilkes - 'international jurisdiction in cyber space-. Which state may regulate the Internet" -

بالقوانين التي تحظر دخول مستخدمي الإنترنت داخل الإقليم إلى مواقع تسيء إلى عقيدتهم الإسلامية.[1]

وعند النظر إلى المنازعات الإلكترونية الناشئة عن التعاملات الإلكترونية ذات الطابع الدولي، نجد أن قانون الأونسيترال النموذجي لم يقدم أي قاعدة لفض تنازع القوانين أو فض تنازع الاختصاص. ورأينا فيما سبق أنه وعند تطبيق عوامل الإسناد التقليدية لحسم المنازعات الخاصة المنضوية على عنصر أجنبي، وفيما عدا التعبير الصريح أو الضمني على إرادة المتعاقدين في الإشارة إلى القانون الذي يحكم عقدهم الدولي، يتولى القاضي هذه المهمة بالرجوع إلى قواعد الإسناد الوطنية وما تشير إليه، أي أنه وفي حالة غياب النص الصريح على تحديد المحكمة أو هيئة التحكيم المختصة، تقوم المحاكم الوطنية بالنظر بناءاً على قوانينها الوطنية.[2]

وعند محاولة تطبيق عوامل الإسناد التقليدية على منازعات التجارة الإلكترونية، فإن الخصوصية التي تتميز بها العقود الإلكترونية كونها تبرم وقد تنفذ أيضاً في بيئة إلكترونية غير ملموسة، تجعل من الصعب تركيز العقد تركيزاً مكانياً، حيث إنَ التعامل يجري بين نظم معلومات ومواقع ليس من السهل تحديد مكانها وبالتالي صعوبة تحديد مكان انعقاد العقد. كما أن طبيعة التعامل من خلال هذه النظم تجعل من الصعب الإلتزام بالمعايير التقليدية التي يتحدد بها الطرف الذي يقع

1-المرجع السابق.

2-د.عزت محمد علي البحيري- القانون الواجب التطبيق على المعاملات الإلكترونية نظرة عامة- مؤتمر الأعمال المصرفية والإلكترونية بين الشريعة والقانون-(10 -15) مايو 2003م.

عليه تنفيذ الإلتزام الجوهري أو الرئيسي في العقد، لهذا فإنه من غير المتوقع أن يؤدي التطبيق الآلي لعوامل الإرتباط التقليدية إلى تسوية مسائل تنازع القوانين التي يثيرها إبرام العقود الإلكترونية وتنفيذها على نحو ينعقد حوله الإجماع، إذ ينبغي أن نضع في الإعتبار أن الإيجاب والقبول في التعاقد عبر الحواسب الآلية يجري بطريقة غير محسوسة وفي فضاء إلكتروني مما لا يمكن تركيزه في مكان واحد، وعلى سبيل المثال حالة التعاقد على شراء برامج الحواسب الآلية حيث يجري التعاقد عبر الإنترنت وقد يتم التنفيذ أيضاً عبر الشبكة بمجرد إنزال ونقل البرنامج المتعاقد عليه من موقع البائع إلى موقع المشتري دون حاجة لمناولة البرنامج ماديا، وبذلك لم يتطلب إبرام العقد أو تنفيذه تحديد مكان أي من المتعاقدين.ً(1) وحتى في الحالات التي يتطلب تنفيذ التعاقد تسليم الشيء المتعاقد عليه مادياً، فإن تمام العقد بصدور القبول أو وصوله لا يتطلب معرفة مكان وجود صاحب الشيء المتعاقد عليه طالما قام الدليل على وصول القبول إلى موقع نظام المعلومات الذي يتعامل الموجب عن طريقه، وبالمثل فإن من يعرض منتجاته أو خدماته عبر الإنترنت مثلا، لا يكون معنياً عند التعاقد بمصدر أو مكان الطلب عليها وفي مثل هذه الحالات لا تظهر بوضوح نقاط ارتباط محددة بين المتعاقد ومكان معين مما يمكن أن ينعقد له دون غيره الاختصاص التشريعي والقضائي لحكم العقد ومنازعاته.

وستتفاقم مشكلة تحديد القانون الواجب التطبيق إذا كان أحد طرفي العقد أو كليهما ينتميان لدولة لا يعترف قانونها بمستخرجات

---

1 - د. أحمد شرف الدين-عقود التجارة الإلكترونية(تكوين العقد وإثباته)- مرجع سابق- ص98 .

الحاسب الآلي، وبالتالي عدم اعترافها بالعقد التجاري الإلكتروني وهو واقع الحال حيث إن غالبية الدول لا تمنح الحجية لهده المستخرجات، وما سيؤدي إليه من إهدار للحقوق عندما يفاجأ المتعاقدان بأن القانون الذي اتفقا على حكم العقد بموجبه لا يعترف بالمستندات غير القائمة على مرتكزات ورقية عرفية موقَع عليها، وبالنتيجة لن يجدا قانوناً يحكم نزاعهما العقدي أو غير العقدي.[1]

وفي ضوء عجز عوامل الإسناد الحالية عن فض منازعات التجارة الإلكترونية في تحديدها للقانون الواجب التطبيق إختلفت الآراء حول القانون الذي يحكم العقد، حيث ذهب رأي إلى ضرورة إعمال إرادة المتعاقدين الصريحة أو الضمنية في تحديد القانون الواجب التطبيق وذلك بإضافة بند خاص يتعلق بالقانون الذي يحكم العقد ضمن بنود وشروط العقد الإلكتروني، وهو ما أوصت به غرفة التجارة الدولية في تقريرها الصادر في يونيو 2000م عندما أوصت الدول بضرورة توفير المناخ الملائم للتجارة الإلكترونية من خلال محاربتها للغش ووضع أية ضوابط تغتضيها مع ترك الحرية المطلقة للأفراد في اختيار القانون الذي يحكم العقد. ولا توجد مشاكل بخصوص الاختيار الصريح للقانون الذي يحكم العقد حيث يمكن أن يتم تحديده بصور متعددة، كالنص على سطح الصفحة الإلكترونية أو بأي وسيلة اتصال أخرى يمكن إثباتها وهو ما جرى عليه العمل بالفعل حيث قامت بعض المواقع بإضافة هذا البند ضمن عقودها.

وذهب رأي آخر إلى تطبيق قانون محل اقامة المستهلك في حال ما إذا تم تحديده في العقد، وذلك لما يحققة من حفظ لحقوق المستهلكين

1 - د.محمد أبو الهيجاء- مرجع سابق- ص 117.

وتشجيعهم للتعامل من خلال التجارة الإلكترونية. وفي هذا الإتجاه ذهبت اتفاقية روما واشترطت في مادتها الخامسة على وجوب تطبيق نصوص الحماية التي تفرضها القواعد الآمرة في الدول التي يقيم فيها المستهلك إقامته المعتادة.[1] وبالرغم مما يوفره هذا الرأي من حماية للمستهلك، إلا أن فيه إجحافاً بحق البائع إذ سيصعب عليه الإحاطة بقوانين كافة الدول التي يتعاقد مع مواطنيها وخصوصاً في ظل انتشار مواقعه على مستوى العالم.

ومن استقراء الآراء السابقة نلاحظ تسليمها بخضوع عقود التجارة الإلكترونية للقانون الذي اختاره المتعاقدان، الأمر الذي نتسائل معه حول القانون الواجب التطبيق على هذه العقود في حال غياب إرادة الأطراف الصريحة أو الضمنية عن اختيار القانون الذي يحكم العقد؟

في محاولة للإجابة على هذا التساؤل فقد ذهب رأي إلى اعتماد مكان تسجيل الموقع الإلكتروني كمكان لإبرام العقد والخضوع لأحكام هذا القانون، بصرف النظر عن موطن المتعاقدين أو أماكن تواجدهما لحظة إبرام العقد. ولا شك في صعوبة الأخذ بهذا الرأي وذلك لصعوبة حمل قواعد الإسناد المكانية للتطبيق على عقود التجارة الإلكترونية، ذلك أن موطن البائع (المزود) قد يختلف عن مكان تسجيل الموقع الذي قد يختلف عن مكان نظم المعلومات التي يتعامل عن طريقها من ناحية أخرى. وللتوضيح نسوق المثال التالي:- قيام شخص من دولة (أ) بإستئجار موقع إلكتروني للبيع من خلاله في دولة (ب) وتعاقده مع وسطاء لترويج

---

1 - وهو ما أسفر عنه مؤتمر مونتريال نوفمبر 1999 لما يوفرة قانون المستهلك من حماية له وحرص على مصلحته من خضوعة لقانون لا يمنحه دات الحقوق.

وبيع بضـائعه فـي كـل مـن دولـة (ج،د،ه)وقيـام المسـتهلكين مـن دول (أ،ب،ج،د،ه،و،ي)بالتعاقد مع هؤلاء الوسطاء، فنلاحظ هنا اشتراك مواطن إبرام العقد وتنفيذه في بعض العقود واختلافهما في عقود أخرى.

ففي الحالة الأولى يمكن للقاضي إسناد النزاع لقانون أي من هذه الدول، أما في الحالة الثانية فالتنازع لا يزال قائماً مع متعاقدين من خارج دول الوسطاء، ليجد القاضي نفسه ضمن دائرة تنازع قوانين كل من دولة تسجيل الموقع، وقوانين الدول التي يوجد بها مقر الوسطاء، وقانون الدولة التي يوجد بها المستهلك، وهو ما سيستحيل معه تحديد القانون الذي يحكم العقد دون وجود قواعد إسناد تعالج هذا التداخل في القوانين وتنازعاتها. وستتسع المتاهة أكثر إن لم يتمكن قاضي النزاع من تحديد مكان وجود نظم المعلومات الذي إعتمده كمعيار لتحديد مكان البائع أو مكان إبرام العقد، وبالتالي سوف يكون هنالك عجز في المؤشرات التقليدية القائمة على تركيز العقد الإلكتروني في مكان معين وعن تحديد القانون الواجب التطبيق على النزاع.[1]

نخلص من كل ما سبق إلى صعوبة تطبيق عوامل الإسناد التقليدية بإستثناء الإرادة الصريحة أو الضمنية لتجاوز مشكلة تنازع القوانين، الأمر الذي يدفع بدوره نحو ضرورة تحقيق التناسق بين القوانين المتعلقة بالتعامل الإلكتروني على ضوء القوانين النموذجية كقانون الأونسيترال، وضرورة العمل الدولي المشترك من أجل صياغة نصوص قانونية موحدة لتحديد القانون الواجب التطبيق على المنازعات الدولية الإلكترونية.

1 - د.محمد أبو الهيجاء- مرجع سابق- ص 202.

الفصل الثالث

آليات تسوية المنازعات إلكترونيا

إزاء الصعوبات والمشاكل التي يحتمل أن يتسبب فيها اختصاص محاكم الدول لمنازعات المعاملات على شبكات الاتصال الإلكترونية، اتجه الفكر والعمل سوياً نحو إيجاد آليات بديلة لتسوية تلك المنازعات تتفادى الاصطدام بالطابع الإقليمي والمادي لمعايير فض التنازع القضائي وتكفل تسوية غير مكلفة وسريعة وفعالة دولياً، فالطابع العالمي للقنوات الإلكترونية التي يجري من خلالها إنجاز التعامل يجعل تركيز المعاملة في مكان محدد أمراً صعباً. وابتدع العمل آليات لتسوية منازعات التجارة الإلكترونية خارج المحاكم يجري اتخاذ إجراءاتها على قنوات من نفس طبيعة القنوات الإلكترونية التي جرى من خلالها التعامل محل النزاع وهي آليات التسوية على الخط المباشر online dispute resolution procedure.[1] واتجهت الكثير من التنظيمات الإقليمية والمبادرات الخاصة إلى إصدار قرارات تسمح بتسوية المنازعات باستخدام الوسائل الإلكترونية، على سبيل المثال، فقد أصدر الاتحاد الأوروبي توجيهاً رقم (31/2000) بشأن "بعض الجوانب القانونية لخدمات المجتمع المعلوماتي وخصوصاً التجارة الإلكترونية" وأورد في المادة (17) أنه " على الدول الأعضاء في حالة النزاع أو الخلاف بين موردي خدمات المعلومات والمتعاملين معهم، أن تسمح بتسوية النزاع خارج المحاكم بإستخدام الآليات أو الوسائل الإلكترونية" وهو ما يسمح لذوي الشأن

---

1 - د.أحمد شرف الدين- الجوانب القانونية للتجارة الإلكترونية وآليات تسوية منازعاتها- مؤتمر الأعمال المصرفية الإلكترونية بين الشريعة والقانون- غرفة تجارة وصناعة دبي-(10-12) مايو 2003م.

بتطوير نظم خاصة لتسوية المنازعات التي تنشب بين مقدمي خدمات المعلومات والمتعاملين معهم.

واتجه التفكير إلى الاستفادة من الإمكانات التي تتيحها شبكات الاتصال الإلكتروني عن طريق إنجاز إجراءات الطرق التقليدية لتسوية المنازعات، مثل التفاوض والوساطة والتوفيق والتحكيم، من خلال هذه الشبكات. ووجدت تسوية المنازعات عبر شبكات الحواسب الآلية تطبيقات فعلية متنوعة من خلال مبادرات خاصة تبنتها بعض التنظيمات الاقتصادية الإقليمية والاتحادات المهنية، كجمعية المحكمين الأمريكية التي طورت نظام القاضي الإفتراضي (Virtual magistrate) الذي يتيح جريان التحكيم أو بعض أجزائه عبر شبكات الحواسب الآلية، فالجمعية الأمريكية للتحكيم تقدم خدمات الوساطة والتحكيم وكذلك الوسائل البديلة لحل المنازعات على الخط، حيث تقوم بإنشاء موقع خاص بكل قضية على حده، وتكون الجمعية وأطراف النزاع والمحكم هم وحدهم القادرون على الدخول لهذا الموقع ومراجعة ادعاءات الأطراف المخزنة فيه.[1]

كما انخرطت المنظمة العالمية للملكية الفكرية في هذا الاتجاه حيث وضعت نظاماً للإجراءات البديلة لتسوية منازعات أسماء النطاقات Domain (names) عبر شبكات الحواسب الآلية. ويقصد بـ"الإجراءات البديلة لتسوية المنازعات" في هذا الإطار أي إجراء رسمي يعتمد، باستثناء الدعاوى المرفوعة أمام المحاكم، بهدف تسوية المنازعات بشأن الحق في تسجيل أسماء النطاقات بين أصحاب أسماء النطاق المسجلة والغير. ومع أن بعض الأوساط

1 - أنظر فيما يتعلق بالمشروع الأساسي للتقاضي على الشبكة : The virtual magistrate project http://vmag.velip.org/docs/vmpaper.htm.

قد شككت في جدوى الإجراءات البديلة لتسوية المنازعات بشأن أسماء النطاقات في السنوات القليلة الماضية، إلا أن الآراء قد اجتمعت في الوقت الحاضر على أن تلك الإجراءات هي أنسب التدابير المعتمدة للتصدي لانتهاكات حقوق الملكية الفكرية في نظام أسماء النطاقات.[1]

على أن أهم أنواع التنظيمات الذاتية لتسوية المنازعات إلكترونياً نجده في نظام "المحكمة الفضائية" (Cyber Tribunals) الذي يتجه إلى تقديم خدمات التحكيم عبر القنوات والوسائط الإلكترونية. ووفقاً لهذا النظام تجري الإجراءات بطريقة إلكترونية على الموقع الشبكي للمحكمة بداية من ملء النموذج الإلكتروني لطلب التسوية ومروراً بالإجراءات التي تفرغ في أشكال إلكترونية وانتهاءاً بإصدار الحكم ومن ثم قيده على الموقع الشبكي للقضية.

ونشير هنا إلى أن طرق الحسم الإلكتروني للمنازعات وخصوصاً "التحكيم الشبكي"(cyber arbitration) تثير عدة مسائل قانونية، ترجع في الأساس إلى أن النظم القانونية القائمة تفترض استخدام المستندات الورقية والحضور الشخصي لأطراف النزاع أو وكلائهم وربما أيضاً شهودهم وخبراتهم أمام المحكمة أو هيئة التحكيم بحيث تجري الإجراءات في المواجهة المادية أو بالحضور الشخصي. ومن هنا فقد ثار التساؤل عن مدى صحة إجراءات التسوية التي تجري من خلال الوسائل الإلكترونية وبالتالي مدى استيفاء قرار التسوية مقومات تنفيذه في ضوء القواعد القائمة

1 - المنظمة العالمية للملكية الفكرية- أفضل الاجراءات لتفادي منازعات الملكية الفكرية بشأن الحقول العليا المكونة من رموز البلدان وتسويتها-(20 يونيه/حزيران)- 2001م.

للتحكيم وغيره من بدائل تسوية المنازعات، وهل يمكن أن تستدعي هذه القواعد بوضعها القائم تطبيقات التسوية الإلكترونية، أم أنه يلزم تطويرها لكي تستجيب لطبيعة طرق الاتصال الإلكترونية المستخدمة في إنجاز إجراءات التسوية.

الواقع أن انتشار تطبيقات التجارة الإلكترونية، وبصفة خاصة شيوع استخدام تقنيات الاتصال الحديثة كالبريد الإلكتروني في نقل الرسائل والمستندات، يعطي للمسائل التي يثيرها استخدام هذه التقنيات في إدارة عمليات التحكيم أهمية خاصة، إذ إنها تعتمد على أدوات، سواء فيما يتعلق بـ"الكتابة" أو "نقل المستندات" أو "إصدار الحكم"، تختلف عن تلك التي تقوم عليها قواعد التحكيم التقليدية ومن هنا فثمة احتمال في أن يواجه الاعتراف بالحكم وتنفيذه في الدول التي لم تعتمد التعامل الإلكتروني بعض الصعوبات، ذلك أن محاكم الدول لا تطبق إلا قوانينها الوطنية والاتفاقيات الدولية الملزمة لدولها وهي غير ملزمة بإنفاذ أحكام التحكيم التي تصدر بناء على اتفاقات خاصة بين أطراف النزاع وبناء على أنظمة انضموا إليها، إذا لم تستوف هذه الاتفاقات أو الأنظمة الأشكال المنصوص عليها في المرجعية الملزمة لمحاكم الدول. من جهة أن الاعتراف بالحكم الصادر في هذه العملية سوف يواجه عقبات في تنفيذه في الدول التي لا يوجد ما يلزم محاكمها بالاعتراف بالأحكام الصادرة في قضايا التحكيم التي جرت إجراءات النظر وإصدار الحكم فيها على الخط المباشر(on line) وأيضاً أحكام التحكيم التي تبنى على بنود تحكمية واردة في عقود الكترونية. وإذا كانت "اتفاقية نيويورك" بشأن الاعتراف بأحكام التحكيم الأجنبية وتنفيذها تلتزم محاكم الدول الأطراف فيها بالاعتراف باتفاقات التحكيم والأمر بتنفيذ أحكام التحكيم الأجنبية، إلا أن هذا

الالتـزام مشـروط بعـدة شـروط مثـل أن يكـون اتفـاق التحكـيم "مكتوبـاً" و"موقعاً" من أطرافه وأن يكون حكم التحكيم موقعاً، وهي شروط يحتاج التحقق من توافر مقتضياتها فـي الطـرق الإلكترونيـة لتسـوية المنازعـات، النظـر فـي توسيع مفهومي الكتابة والتوقيع ليستوعبان التطور الذي لحقهما في عصر ثورة المعلومات والاتصـالات. ويضـاف إلـى قائمـة العقبـات التـي تواجـه الاعتـراف بأحكـام التحكـيم الصـادرة بنـاء علـى إجـراءات جـرى إنجازهـا عبـر شـبكات الاتصـال الإلكترونيـة، أن بعـض قواعـد نظـم التحكـيم القائمـة يـرتبط تطبيقهـا بتركيز التحكيم تركيزاً مكانياً فيما يتعلق بمكان التحكيم ذاته أو فيما يتعلق بمكان صدور حكم التحكـيم.[1] وعلـى هـذا الأسـاس فـإن الآثـار التـي ترتبهـا القواعـد المذكورة على تحديد مكان التحكيم[2] تتطلب بحث كيفية تحديده في حالة جريان التحكيم عبر شبكات الاتصال الإلكترونية، وبالمثل فإن طبيعة هذه الشبكات تثير التساؤل حول المكان والوقت الذين يعتبر حكم التحكيم قد صـدر فيهمـا. وعلـى العموم فإن الاستخدام الآمن والفعـال لشـبكات الاتصـال الإلكترونيـة فـي إنجـاز إجراءات التحكيم يحتاج إلى دراسة ومن ثم تنظيم الجوانب المرتبطة بإجراءات المرافعـات والإثبـات خصوصـاً تقـديم المسـتندات وتبادلهـا مـن حيـث سـلامتها وتوثيقها وحجيتها.

1 - د.أحمد شرف الدين- مرجـع سـابق. أوردت اتفاقيـة نيويورك فـي المـادة(5 /أ) عـدة أسـباب تجيز رفض الاعتراف بحكـم التحكيم، ينضـوي تحتهـا ضـرورة بنـاء علـي اتفـاق تحكيم غيـر صحيح وفقا لقانون البلد الذي صدر فيه الحكم. نفس الحكم أيضا فـي القـانون النمـوذجي م(36 /1-أ/1) ومن هذه الأسباب أيضا صدور حكم ببطلانـه مـن المحكمـة المختصـة فـي البلـد الـذي صدر فيه حكم التحكيم (اتفاقية نيويورك 5هـ).

2 - مثل تلك المنصوص عليهـا فـي اتفـاق نيويـورك المـادة (5/أ-د) وقـد صـدر القـانون النمـوذجي للتحكيم التجاري الدولي م (2/1) بأن يكون التحكيم واقعا في الدولة التي تبنت احكامه.

الباب الرابع

أنظمة الدفع الإلكتروني

الباب الرابع
أنظمة الدفع الإلكتروني

بظهور الإنترنت وانتقال مجال التجارة من المجال الحقيقي إلى المجال الإفتراضي أصبحت الشبكة هي مسرح العمليات التجارية بدلاً من أرض الواقع، وبظهور "التجارة الإلكترونية" عبر الشبكة ثارت التساؤلات حول كيفية تسوية المعاملات الناشئة عن هذه التجارة، إذ لا يجوز استخدام وسائل تقليدية قديمة للتعامل مع ظروف ومستجدات لم تكن قائمة، نظراً لأن معاملات التجارة الإلكترونية تتم بين أشخاص غير موجودين في مكان واحد فلا ينفع معها النقود الورقية كوسيلة تسوية للمعاملات التي تتم عن طريقها، ومن ثم لم يعد أمام المتعاملين سوى تغيير الأدوات والوسائل التي تستخدم والدفع عن طريق الكروت البنكية أو التحويلات.[1]

وبالنسبة للتحويلات البنكية فلا يختلف هذا النظام عبر الإنترنت عنه في غير الإنترنت فالعميل يعطي لبنكه أمراً بتحويل مبلغ معين من حسابه إلى حساب من تعامل معه، ولا يعدو أن يكون هذا الأمر سوى أمر تحويل عادي تمرس عليه صاحب الحساب ولكن تتمثل الجدة في هذا الأمر، في أنه يتم عبر الإنترنت. أما التسوية عن طريق الكروت البنكية، سواء أكانت كروت الائتمان أو كروت الوفاء أو الخصم الفوري، فتعتبر أكثر شيوعاً بالمقارنة مع الطريقة الأولى وتتمثل في أن المشتري يقوم بنقل رقم الكرت الخاص به إلى التاجر الذي يرسله بدوره إلى البنك مُصدر الكرت ليحصل منه على مقابل الخدمة التي أداها له في صورة أرقام تضاف إلى حساب

---

1 - د. شريف محمد غنام-محفظة النقود الإلكترونية رؤية مستقبلية- مؤتمر الأعمال المصرفية بين الشريعة والقانون.- غرفة تجارة وصناعة دبي10-12مايو 2003- المجلد الأول- ص 101..

الدائن، ويقيّد البنك هذا المبلغ بعد ذلك في حساب المدين للمستهلك أو المشتري.[1].

وإزاء التطور السريع لمعاملات التجارة الإلكترونية من ناحية وعيوب طرق التسوية الموجودة، كتعرض أرقام الكروت للسرقة عبر الشبكة أو غير ذلك، لجأت الشركات والمؤسسات الدولية المهتمة بالتجارة الإلكترونية إلى وسيلة جديدة لتسوية المعاملات التي تنشأ عن هذه التجارة ألا وهي "النقود الإلكترونية". حيث تتمثل هذه النقود في وحدات رقمية إلكترونية يتم انتقالها بطريقة معينة من حساب شخص إلى حساب شخص آخر، وتستخدم لتسوية قيمة المشتريات التي تتم من خلال الإنترنت. هذه الوحدات إما أن تخزن في ذاكرة كمبيوتر صغير ملتصق في كرت يحمله المستهلك (Chip Card) بحيث يستخدمها في الوفاء عن طريق هذا الكرت، أو تخزن في ذاكرة الكمبيوتر الشخصي للمستهلك (Computer Memory) بحيث يستخدمها عن طريق هذا الكمبيوتر. ويسمى "الكرت" الذي يلحق به كمبيوتر صغير تخزن فيه الوحدات الإلكترونية بـ"محفظة النقود الإلكترونية" وهي محفظة على أساس أنه تخزن فيها وحدات ذات قيم مالية تصلح لسداد أثمان البضائع والخدمات، مثلها في ذلك مثل النقود. وهي محفظة إلكترونية على أساس أنها لا تحوي نقوداً ورقية أو حقيقية وإنما تحوي وحدات يتم انتقالها بشكل إلكتروني وتمثل قيمة مالية محددة.[2]

وظهرت وسيلة جديدة أيضاً تسهل قيام الأفراد بعمليات المبادلة من خلال الإنترنت دون الحاجة إلى إرسال نقود ورقية أو نقدية إلكترونية أو حتى

---

(1) المرجع السابق.- ص 103

(2) د. شريف محمد غنام-محفظة النقود الإلكترونية رؤية مستقبلية - المرجع السابق- ص1113

شيكات ورقية إلى البائع هي "الشيكات الإلكترونية". حيث يحمل الشيك الإلكتروني، مثله في ذلك مثل الشيك الورقي، توقيع الساحب إلكترونياً على هذا الشيك ويستخدم الحاسب الشخصي للمشتري في تحرير الشيك وطبع توقيع الساحب عليه، فإذا تمت عملية المبادلة من خلال الإنترنت، يُرسل هذا الشيك كوثيقة إلكترونية ويقوم البائع لدى تسلمه تلك الوثيقة بتقديمها إلى البنك الذي يتعامل معه والذي يقوم بدوره بالتحقق من صحة توقيع الساحب بالاتصال بالبنك المسحوب عليه الشيك، فإذا تحقق له ذلك يمكنه تحصيل قيمة الشيك الإلكتروني وصرف قيمته للمستفيد. (1)

مما تقدم نخلص إلى أنه ونتيجة إلزامية للتطور التكنولوجي المستمر الذي زادت وتيرته خلال السنوات الأخيرة إثر الاتساع الواسع لشبكة الإنترنت، ظهر مفهوم جديد للنقود وبالتالي ظهرت آليات جديدة في إطار الوفاء بمبلغ من النقود عبر شبكة الإنترنت، نتناول من خلال هذا الباب هذه الوسائل على اعتبارها وسائل حديثة ظهرت نتيجة إلزامية لظهور التجارة الإلكترونية ومن ثم نتناول طبيعتها القانونية.

---

(1)ا المرجع السابق- ص 1115

الفصل الأول

أشكال وسائل الدفع الإلكتروني

عند القيام بالمعاملات التجارية والاقتصادية بأنماطها المختلفة تتعدد الوسائل والوسائط التي يستطيع المتعاملون أن يستخدمونها، وتشمل هذه الوسائل الوسائط النقدية والشيكات الورقية وبطاقات الائتمان وبطاقات الخصم والتحويلات التلكسية والنقود الالكترونية بصورها المختلفة.[1] فيما يلي نسلط الضوء على هذه الوسائل لإبراز ماهيتها وأهم خصائصها من خلال تصنيفها إلى ثلاثة مجموعات رئيسية:-

(1) أنظمة الدفع القائمة على استخدام "البطاقات البلاستيكية".

(2) أنظمة الدفع التي تستند إلى مفهوم "النقود الإلكترونية".

(3) أنظمة الدفع التي تستند إلى "وسائل الاتصالات" كالهاتف والهاتف الجوال والإنترنت.

1/ الفرع الأول:- أنظمة الدفع القائمة على استخدام "البطاقات البلاستيكية"(بطاقات الائتمان)

أُطلق على هذه الوسيلة الجديدة للتعامل المالي في الكتابات العلمية التي تناولتها والاستعمال المصرفي عدة أسماء، فقد سميت بالنقود البلاستيكية وبطاقات الائتمان وبطاقات الاعتماد وبطاقات الدفع البلاستيكية وبطاقات

---

1 - د. السيد أحمد عبد الخالق-البنوك والتجارة الالكترونية – الجديد في أعمال المصارف من الوجهتين القانونية والاقتصادية- أعمال المؤتمر العلمي السنوي لكلية الحقوق بجامعة بيروت العربية – الجزء الثاني الجديد في التمويل المصرفي- منشورات الحلبي الحقوقية -2002م.

الدفع الإلكترونية وكان الأكثر شيوعاً من بين هذه التسميات هو اسم "بطاقة الإئتمان". [1]

وتعرف "بطاقة الائتمان" بأنها عبارة عن "بطاقة تتضمن معلومات معينة عن حاملها (الاسم، ورقم الحساب....) وعادةً ما تصدرها جهة مصرفية معينة (بنك أو مؤسسة مصرفية مالية) بحيث تمكن حاملها من سداد قيمة مشترياته دون دفع الثمن، وقيام الجهة مُصدرة البطاقة بتعجيل الوفاء للبائع ثم الرجوع لاحقاً على الحامل". [2]

وبالرجوع إلى المصطلح الاقتصادي العربي لهذه التسمية نجد أن "بطاقات الائتمان" تعني من الناحية الاقتصادية "بطاقة خاصة يصدرها المصرف لعميله تمكنه من الحصول على السلع والخدمات من محلات وأماكن معينة عند تقديمه لهذه البطاقة ويقوم بائع السلع والخدمات بتقديم الفاتورة الموقعة من العميل إلى المصرف مُصدر بطاقة الائتمان ليسدد قيمتها له، ويقدم المصرف للعميل كشفاً شهرياً بإجمالي القيمة لتسديدها أو لخصمها من حساب جارٍ لطرفه". [3]

أما "الائتمان" فيعرف بأنه "عملية مبادلة قيمة حاضرة في مقابل التزام بقيمة آجلة مساوية لها وغالبا ما تكون هذه القيمة نقودا". ويعني أيضا بوجه

---

1 - أ. د. محمد رأفت- ماهية بطاقة الائتمان (أنواعها، وطبيعتها القانونية وتمييزها عن غيرها)- مؤتمر الأعمال المصرفية الالكترونية بين الشريعة والقانون، غرفة تجارة وصناعة دبي،(10-12) مايو 2003م- المجلد الثاني- ص 615..

2 - فداء يحيى أحمد الحمود- النظام القانوني لبطاقة الائتمان- دار الثقافة للنشر والتوزيع- طبعة 1999م- ص 15.

3- بدوي أحمد زكي- معجم المصطلحات التجارية والتعاونية- بيروت- دار النهضة العربية للطباعة والنشر – 1984م- ص 62.

عام "منح دائن لمدين مهلة من الوقت، يلتزم المدين عند انتهائها بدفع الدين أو قيمته."[1] ومن مجمل التعريفات السابقه يتضح أن أهم خصائص بطاقات الائتمان تتمثل في الآتي:-

1- بطاقة الائتمان أداة وفاء وأداة إئتمان:-

تعتبر بطاقة الائتمان أداة وفاء وأداة ائتمان في ذات الوقت، فهي أداة وفاء لأن حاملها يستطيع الوفاء بالتزاماته تجاه التاجر أو صاحب الخدمة من خلال تقديمها دون حاجة إلى حمل النقود، فهي وسيلة فعالة للسداد عن غيرها من وسائل الوفاء الأخرى، وذلك لسهولة حملها واستخدامها وقبولها لدى أصحاب المحلات التجارية والخدمات، كما أنها أقل عرضة للسرقة أو الضياع. كما أنها من ناحية أخرى أداة ائتمان حيث يقدم مُصدرها (البنك أو المؤسسة المالية) عادة تسهيلات وآجال للوفاء بقيمة مسحوباتهم، وحتى في حالة وجود حساب جارٍ للحامل لدى البنك، فإن وفاء البنك للتاجر لا يتم فور الشراء عادةً بل لحين وصول المستندات المثبتة بشيك العميل، أو أن الخصم عادة لا يتم إلا آخر مدة محددة قد تكون شهراً مثلاً، وإلى أن تحل هذه المدة أو يكتمل إرسال المستندات وتجميعها يكون للعميل ائتمان مقيد وغير مقصود لذاته من الأطراف.[2]

1- د. إبراهيم فضل المولى البشير-النقود المعدنية (أساسيات البنوك) - المؤسسة العربية للخدمات الجامعية - 1997م- ص24.

2- د. علي جمال الدين عوض- عمليات البنوك من الوجهة القانونية- دار النهضة العربية 1988م- ص 665.

2- بطاقة الائتمان علاقة ثلاثية الأطراف:-

تقوم بطاقة الائتمان على علاقة ثلاثية الأطراف (مُصدر البطاقة والحامل والتاجر) وكل طرف من هذه الأطراف تترتب له حقوق وعليه التزامات ويرتبط مع الآخرين كل على حده بعقود مستقلة ينتج عنها وحدة واحدة ذات علاقات ثلاثية الأطراف لذلك تعتبر بطاقة الائتمان ذات طبيعة مختلفة ولا تدخل تحت أي نوع من وسائل الوفاء التقليدية. (1) وتتمثل هذه الأطراف في كل من:-

1/ جهة إصدار البطاقة:-

أ/ المركز العالمي للبطاقة (The payment Organization):-

وهي منظمة أو مؤسسة عالمية تتولى إنشاء البطاقة ورعايتها والموافقة على عضوية البنك في جميع أنحاء العالم للمشاركة في إصدارها، وتسوية المستحقات المالية بينهم عن طريق بنك عالمي تختاره المنظمة، ثم القيام بدور المحكم في أي نزاعات تنشأ بينهم، ومن أهم هذه المراكز منظمة فيزا، وماستر كارد، وداينر كلبclub والمقر الرئيسي لها جميعاً الولايات المتحدة الأمريكية كما توجد لها مكاتب إقليمية في مناطق العالم المختلفة، والعضوية في إصدار هذه الأنواع من البطاقات مفتوحة لجميع البنوك على مستوى العالم، وبجانب ذلك توجد بطاقة أمريكان اكسبريس ويقتصر إصدارها على سلسلة بنوك أمريكان اكسبريس في العالم، كما توجد بعض البطاقات ليست في مستوى شهرة هذه الأنواع الأربعة تصدر عن

1- د. فايز نعيم رضوان- بطاقات الوفاء-مكتبة الجلاء الجديدة-المنصورة- طبعة 1990م- ص 12.

مؤسسات إقليمية مثل بطاقات اكسبريس ويور كارد في أوروبا وبطاقات J.C.B في اليابان [1].

ب/ بنك الإصدار(The Issuer):-

يتمثل في البنوك على مستوى العالم التي تتعاقد مع المركز العالمي للبطاقة للاشتراك في عضوية إصدارها والتعاقد مع التجار المحليين لقبول البيع وتأدية الخدمات بموجبها ودفع مستحقات التجار عن المشتريات بموجب بطاقات الائتمان الصادرة عنهم.

ج/ بنك التاجرِ(Acquirer):-

من المعروف أنه يمكن استخدام بطاقات الائتمان الصادرة من أي بنك في العالم للشراء من أي تاجر متعاقد للبيع بالبطاقة سواء في دولة البنك المُصدر أو أي دولة أخرى في العالم، ولا يقتصر قبول التاجر البيع بموجب البطاقة الصادرة من البنك المتعاقد معه للتاجر فقط، وإنما يبيع بموجب أي بطاقة صادرة من أي بنك في العالم مشترك معه لصرف مستحقاته ويقوم هذا البنك (بنك التاجر) بالاتصال بالبنك المُصدر للبطاقة لاستيفاء حقه من خلال بنك التسويات التابع للمنظمة الراعية للبطاقة.

ويمكن النظر لهذه الأطراف الثلاثة (المركز العالمي للبطاقة -بنك الإصدار- بنك التاجر) على أنهم طرف واحد لأن التزاماتهم الأساسية واحدة وهي التعهد بدفع مستحقات التجار عن مشتريات حاملي البطاقة.

---

1 - د. محمد عبد الحليم عمر- بطاقة الائتمان ماهيتها والعلاقات الناشئة عن استخدامها بين الشريعة والقانون- مؤتمر الأعمال المصرفية الالكترونية بين الشريعة والقانون، غرفة تجارة وصناعة دبي،(10-12) مايو 2003.- المجلد الثاني- ص659.

2/ التاجر (Merchant):- وهو اصطلاح يطلق على الشركات والمؤسسات والبنوك التي يتم الاتفاق معهم على قبول البيع وتأدية الخدمات وسحب النقود بموجب البطاقة، ثم يرجع التاجر على البنك المتعاقد معه لاستيفاء حقه.

3/ حامل البطاقة (The Card Holder):- وهم الأفراد الذي يوافق البنك المُصدر على طلبهم بالحصول على البطاقة لاستخدامها في شراء السلع والخدمات من التجار أو السحب النقدي من البنوك أو الماكينات المعدة لهذا الغرض، ثم دفع ما عليهم للبنك المُصدر حسب نوع البطاقة كما سبق ذكره[1].

3- بطاقة الائتمان تمثل لحاملها ملاءة وثقة:-

طالما أن بطاقة الائتمان تتمتع بقبول لدى جميع المتعاملين فإن هذا يعني أن حاملها يتمتع بملاءة وثقة في مجال المعاملات، فالبنك يمثل ائتمان بالنسبة للعميل أمام المحلات التجارية وأصحاب الخدمات وهؤلاء يثقون في البنك مُصدر البطاقة ولديهم طمأنينة على مقدرة البنك على الوفاء.

4- بطاقات الائتمان مملوكة للبنك:-

تبقى هذه البطاقة ملكاً للبنك في جميع الأوقات، فالعقد القائم بين البنك ومُصدر البطاقة موضوع لمدة محددة ومجدد ضمنياً إلا إذا أفصح مصدر البطاقة أو الحامل عن رغبته في عدم التجديد، فإذا كانت هذه الرغبة صادرة من البنك مُصدر البطاقة فإن الحامل يجب عليه أن يعيدها

1 - د.محمد عبد الحليم - بطاقة الائتمان ماهيتها والعلاقات الناشئة عن استخدامها بين الشريعة والقانون - المرجع السابق- ص 677

إلى البنك بناءاً على هذا الطلب كما يجوز للحامل في أي وقت أن يفسخ هذه الاتفاقية فيما يختص باستعماله للبطاقة على ألا يمس ذلك أي التزامات تجاه البنك قد تنشأ عن استخدام البطاقة قبل الفسخ وذلك بتسليم البطاقة إلى البنك، كما يجوز للبنك إلغاء البطاقة في أي وقت دون إشعار مسبق ويجوز له أيضاً أن يرفض إعادة إصدارها أو تجديدها أو استبدالها [1]، كما يحتفظ البنك بحقه في تعديل شروط عمل البطاقة مع إخطار الحامل بذلك وهذا الأخير له الحق في الموافقة أو الرفض وتسليم البطاقة.

5- استخدام البطاقة على المستوى المحلي والدولي:-

من خصائص بطاقة الائتمان سهولة استخدامها وتداولها ليس فقط على المستوى المحلي بل تتعداه إلى المستوى الدولي.

تتعدد أنواع البطاقات لعدة اعتبارات فمن حيث "المزايا" توجد البطاقات العادية أو الفضية أو الذهبية، وتختلف فيما بينها في حدود الائتمان والمزايا الإضافية التي يستمتع بها حاملها، وبحسب "الجهة المُصدرة" توجد البطاقات التي ترعاها منظمة عالمية ويشارك في إصدارها جميع البنوك على مستوى العالم مثل فيزا وماستر كارد، وبطاقات ترعاها وتُصدرها مؤسسة مالية واحدة مثل بطاقة أمريكان اكسبريس، وبطاقات تُصدرها مؤسسات تجارية لعملائها ليشتروا منها فقط دون وجود بنك وسيط، أما من حيث "النظم التكوينية لها" فتوجد البطاقة الممغنطة والبطاقة الرقائقية والبطاقة الذكية. ومن حيث "نطاق التعامل بها" توجد البطاقات المحلية والإقليمية والعالمية، وأخيراً بحسب "طبيعة العلاقة وكيفية التعامل بالبطاقة".

1- د. علي جمال الدين- عمليات البنوك من الوجهة القانونية - مرجع سابق- ص 67.

نتناول فيما يلي بيان أحكام بطاقات الائتمان أو البطاقات البلاستيكية حسب التقسيم الأخير "بحسب طبيعة العلاقة وكيفية التعامل بالبطاقة"، وذلك لأن التقسيمات الأخرى تندرج فيها ولا تؤثر على ماهيتها فكل منها يمكن أن تكون بطاقة فضية أو ذهبية، كما أنه لا تختلف البطاقات في حقيقتها بحسب المنظمة الراعية لها أو التكوين الشكلي لها. وفي ظل هذا التقسيم المختار توجد أنواع من البطاقات هي:-

النوع الأول: بطاقة الخصم أو القيد المباشر أو الفوري:(Debit Card) : -

يتميز هذا النوع من البطاقات بأنه لا يتضمن ائتمان بل يتم خصم قيمة الصفقة من حساب العميل في البنك في الحال، ويتم إصدارها بأن يقوم حامل البطاقة بفتح حساب جارٍ لدى البنك المُصدر للبطاقة يودع فيه مبلغاً يعادل الحد الأقصى المسموح له بالشراء في حدوده شهرياً، وعندما يقوم حامل بطاقة الشراء بالشراء من التاجر أو الحصول على خدماتهم يرسلون مستندات الشراء أو أداء الخدمة للبنك المتعاقدين معه الذي يدفع المستحق لهم بالإضافة إلى حساباتهم المفتوحة لدى البنك، ويقوم البنك المُصدر بالخصم أولاً بأول بقيمة مبالغ الشراء من حساب العميل الجاري المفتوح لدى البنك كما يتم الخصم أيضاً بقيمة المسحوبات النقدية بالبطاقة من آلات السحب (ATMs) أو من البنوك، وفي نهاية كل شهر يرسل البنك كشف حساب إلى حامل البطاقة مطالباً إياه بإيداع مبلغ مماثل في الحساب الجاري حتى يعود الرصيد المطلوب الاحتفاظ به لدى البنك إلى كامل المبلغ.[1]

1- د. محمد عبد الحليم عمر- بطاقة الائتمان ماهيتها والعلاقات الناشئة عن استخدامها بين الشريعة والقانون- مرجع سابق.

النوع الثاني: بطاقة الخصم الشهري أو الدفع المؤجل (Charge Card):-

لا يتطلب إصدارها من حاملها الدفع المسبق لبنك المصدر في صورة حساب جارٍ وإنما يطالب البنك المُصدر حامل البطاقة بقيمة مشترياته وسحوباته في نهاية كل شهر على أن يسددها في مدة تالية تتراوح بين (25-40) يوماً وإذا تأخر عن السداد يحمل بفائدة في حدود النسب المذكورة في النوع الأول.

النوع الثالث: بطاقة الائتمان القرضية أو السداد على فترات لاحقة Credit Card

وهي مثل النوع الثاني إلا أن الاتفاق يكون ليس على المطالبة بكامل المبلغ في نهاية كل شهر وإنما يدفع جزء ويقسط الباقي على شهور تالية مع حساب فائدة بنفس المعدلات السابق ذكرها على المبلغ المقسط. وقد يدمج النوعين الثاني والثالث معاً ويكون حامل البطاقة بالخيار إما الدفع شهرياً بدون فوائد أو الدفع على أقساط بفوائد.[1]

النوع الرابع : البطاقات الذكية (Smart Cards) :-

تم ابتكار ما يعرف بالكارت الذكي أو البطاقة الذكية نظرا لأن كرت الائتمان والخصم يواجهان مشاكل عند إدخال البيانات في كل مرة يتم فيها التعامل، ولدواعي تتعلق بالتطور التكنولوجي وتغلباً على بعض المشاكل التي تتعلق بالسرية والأمان. البطاقة الذكية هي بطاقة في حجم بطاقة الائتمان يثبت عليها شريط ممغنط عليه رقم كودي أو بدون، يحمل شريحة إلكترونية أو أكثر، أي حاسب صغير الحجم مزود بذاكرة مصاحبة حيث يكون قادرا على أن يخزن ويسترجع ويعالج البيانات.

---

(1) المرجع السابق.

ويلاحظ أنه يمكن إعادة شحنها عند أي منفذ إلكتروني. ويتم تحميل هذه البطاقة بقيمة معينة من حساب العميل لدى البنك من إحدى خطوطه أو من (ATM) أو حتى الحاسب الشخصي الذي يكون مزودا بآلة مجهزة لذلك.(1)

2/ الفرع الثاني:- النقود الإلكترونية

عرفت المفوضية الأوروبية النقود الإلكترونية بأنها " قيمة مخزنة بطريقة إلكترونية على وسيلة إلكترونية كبطاقة أو ذاكرة كمبيوتر ومقبولة كوسيلة للدفع بواسطة متعهدين غير المؤسسة التي أصدرتها، ويتم وضعها في متناول المستخدمين لاستعمالها كبديل عن العملات النقدية والورقية بهدف إصدار تحويلات إلكترونية للمدفوعات ذات قيمة محددة.[2]

أما البنك المركزي الأوروبي فقد عرفها بأنها" مخزن إلكتروني لقيمة نقدية على وسيلة تقنية، يستخدم بصورة شائعة للقيام بمدفوعات لمتعهدين غير من أصدرها دون الحاجة إلى وجود حساب بنكي عند إجراء الصفقة، وتستخدم كأداة محمولة مدفوعة مقدماً"[3]. من خلال التعريفين السابقين يمكن تحديد عناصر النقود الالكترونية على أنها:-

* قيمة نقدية: أي أنها تشمل وحدات نقدية لها قيمة مالية مثل مائة جنية أو خمسون جنية، ويترتب على هذا أنه لا تعتبر بطاقات الاتصال التلفوني مثلا، من قبيل النقود الالكترونية، حيث أن القيمة المخزنة

1 - د. السيد أحمد عبد الخالق-البنوك والتجارة الالكترونية –(الجديد في أعمال المصارف من الوجهتين القانونية والاقتصادية) –مرجع سابق.

2 -European Commission 1998" Proposal For European parliament and Council ,Directives on the taking up ,the pursuit and the prudential supervision of the business of electronic money Institutions" Brussels, COM 98727 p2.

3 - European Central Bank 1998"Report on Electronic Money" Frankfurt, Germany.

على الأولى عبارة عن وحدات اتصال تلفونية وليست قيمة نقدية قادرة على شراء السلع والخدمات.

* مخزنة على وسيلة إلكترونية: تعد هذه الصفة عنصرا مهما في تعريف النقود الإلكترونية، حيث يتم شحن القيمة النقدية بطريقة إلكترونية ببطاقة بلاستيكية أو على القرص الصلب للكمبيوتر الشخصي للمستخدم، وهذا العنصر يميز النقود الإلكترونية عن النقود القانونية أو الائتمانية والتي تعد وحدات نقدية مصكوكة أو مطبوعة. وفي الواقع فإنه يتم دفع ثمن هذه البطاقات مسبقا وشرائها من المؤسسات التي أصدرتها ولهذا يطلق عليها البطاقات سابقة الدفع.

* غير مرتبطة بحساب بنكي: تتضح أهمية هذا العنصر في تمييز النقود الإلكترونية عن وسائل الدفع الأخرى كالدفع عن طريق بطاقات الائتمان، فهذه الأخيرة عبارة عن بطاقات إلكترونية مرتبطة بحسابات بنكية للعملاء حاملي هذه البطاقات تمكنهم من القيام بدفع أثمان السلع والخدمات التي يشترونها مقابل عمولة يتم دفعها للبنك مقدم هذه الخدمة[1].

* النقود الإلكترونية نقود خاصة: على عكس النقود القانونية التي يتم إصدارها من قبل البنك المركزي، فإن النقود الإلكترونية يتم إصدارها في غالبية الدول عن طريق شركات أو مؤسسات ائتمانية

1 - محمد إبراهيم محمود الشافعي- جامعة عين شمس- الآثار النقدية والاقتصادية والمالية للنقود الالكترونية-دراسة مقدمة إلي مؤتمر الأعمال المصرفية الالكترونية بين الشريعة والقانون- غرفة تجارة وصناعة دبي (10-12) مايو 2003م.

خاصـة ولهـذا يطلـق علـى هـذه النقـود اسـم النقـود الخاصـة (Private Money).[1]

3/ الفرع الثالث:- أنظمة الدفع التي تستند إلى وسائل الاتصالات:-

يمكن تقسم أنظمة الدفع التي تستند إلى وسائل الاتصالات على حسب وسيلة الاتصالات التي تعتمد عليها طريقة الدفع، ويمكن الإشارة هنا إلى مجموعتين:- وسائل الدفع الإلكتروني التي تعتمد على وسـائل الاتصـالات بخـلاف الإنترنـت ووسائل الدفع التي تعتمد علـى الإنترنـت، وسـنتناول مـن كـل مجموعـة وسـيلة واحده.

أ/ وسـائل الـدفع الإلكترونـي التـي تعتمـد علـى وسـائل الاتصـالات بخـلاف الإنترنت "المدفوعات عبر الهاتف الجوال":- إن الاتجـاه العـام فـي العـالم الآن هو انتشار استخدام الهاتف الجوال، حيث مـن المنتظـر أن يصـل عـدد خطـوط الهاتف الجوال المستخدم في نقل البيانـات 2'1 بليـون جهـاز بينمـا يصـل عـدد مشتركي الإنترنت الشبكة الثابتة إلي 750 مليـون لـنفس الفتـرة، وهـو مـا يـدل على أن استخدامات الهـاتف الجـوال فـي ازديـاد مطـرد وسـتكون هـي الوسـيلة السهلة للاتصال، كما أنه يمكن تشخيصها للدلالة على شخصـية حامـل الهـاتف، ويرجع ذلك للبطاقات الذكية التي يستخدمها السيار. ويتبـع هـذا الاتجـاه تطـوير استخدامات الهاتف الجوال لأغراض متعددة فقد بـدأ اسـتخدامه للولـوج للشـبكة العالمية "الإنترنت" واستخدامه في التطبيقات

1 -المرجع السابق.

المتعلقة بها كقراءة البريد الإلكتروني وتصفح المنتجات المعروضة على الشبكة والشروع في شراء بعض هذه المنتجات...الخ[1].

ب/ السداد عبر الإنترنت (حافظة النقود الإلكترونية):-

هو نظام السداد النقدي الذي يتم كنتيجة لاستخدام هذه الخدمة على الإنترنت، والتي تتم أيضا بين شركتين أو أكثر تعمل على الإنترنت من أجل المساعدة على جذب الزبائن من خلال الاتصالات. والطريقة التي يتم بها هذا النوع من السداد هي بأن تقوم الشركة بقيد نفسها عند أي شركة تعمل في هذا المجال وتعد تقارير عن مستويات الزيارات بين الموقعين، وبعد ذلك يتم حساب أي مبلغ مدفوع صغير جدا لكل رابط وعندما تصل المبالغ إلى نسبة محددة يتم السداد إما من الحساب المصرفي الفعلي أو الافتراضي الخاص بالعميل إلى حساب التاجر، ويتم استخدام هذا النوع من السداد ليقوم الزائرون إلى مواقع الويب بالسداد ويتم استخدامه كذلك بين شركات الإنترنت لنقل المبالغ المسددة من شركة إلى أخرى من أجل جذب الزائرين إلى موقع الويب من خلال استخدام الروابط.[2]

1 - د.عزا لدين كامل أمين- مفهوم ومقومات العمل المصرفي الالكتروني- مجلة المصارف- العدد الثالث- يوليو 2004م - ص22.

2 - د.محمد عبد السلام سلامة- جرائم غسيل الأموال إلكترونيا في ظل النظام العالمي الجديد للتجارة الحرة (العولمة)- مؤتمر الأعمال المصرفية الإلكترونية بين الشريعة والقانون- غرفة تجارة وصناعة دبي(10 -12) مايو 2003م - المجلد الرابع- ص 1525.

الفصل الثاني
التكييف القانوني لبطاقات الائتمان

إن الغاية من بيان التكييف القانوني لبطاقات الائتمان هي محاولة لإيجاد نظام قانوني متطور يمكن انطباق أحكامه على بطاقات الائتمان ونظامها ومميزاتها باعتبارها أداة وفاء وأداة ائتمان في ذات الوقت، لذلك يقع على عاتق الفقه والقضاء تحليل هذا النظام ووضع القواعد القانونية له التي تتماشى مع التطورات الحديثة والتكنولوجيا المتطورة في مجال المعاملات التجارية.[1] وعند استعراض المحاولات الفقهية والقضائية والتشريعية لتحديد الطبيعة القانونية لبطاقات الائتمان نجد أنها تنقسم إلى اتجاهين:-

1/ الاتجاه الأول:-

ينظر إلى بطاقات الائتمان على أنها ذات علاقات عقدية متعددة، عقد بين مصدر البطاقة والعميل حامل البطاقة، وعقد بين مصدر البطاقة والتاجر، وعقد ثالث يتكون عند شراء حامل البطاقة من التاجر. وينظر هذا الاتجاه إلى كل عقد من العقود التي تُبرم كعقد مستقل ويعطي كل عقد من هذه العقود وصفاً قانونياً قد يختلف عن العقد الآخر الذي أُبرم لاستكمال هذا النظام، وهذا الاتجاه هو ما قرره القانون الإنجليزي في قانون Consumer Credit Act (CCA) لسنة 1974م.

1 - د. عصام حنفي محمود موسى- كلية الشريعة والقانون جامعة الأزهر- الطبيعة القانونية لبطاقات الائتمان، دراسة مقدمة إلى مؤتمر الأعمال المصرفية الإلكترونية بين الشريعة والقانون- غرفة تجارة وصناعة دبي (10-12) مايو 2003م.

ويذهب هذا الاتجاه في تحديد الطبيعة القانونية لبطاقات الائتمان إلى تكييف كل عقد من العقود التي يؤدي وجودها إلى وجود النظام القانوني لهذه البطاقات، وعلى وجه الخصوص العقد الذي يربط "مصدر البطاقة بالحامل"، والعقد الذي يتم بين "مصدر البطاقة والتاجر"، باعتبار أن هذين العقدين هما أساس نظام بطاقات الائتمان حيث يستغل كل عقد من هذين العقدين عن الآخر بطبيعته القانونية لذلك نتناول تحديد الطبيعة القانونية لكل عقد من هذه العقود على النحو التالي:-

أ/ الطبيعة القانونية للعقد الذي يربط بين مصدر البطاقة وحاملها:-

قوام العلاقة بين مصدر البطاقة وحاملها هو عقد محدد المدة يسمى بـ"عقد الانضمام" (adherent contract) تبرمه الجهة المصدرة للبطاقة مع شخص معين فهي علاقة عقدية يفترض أن تنجز عنها التزامات متقابلة، ويفترض أن ينصب موضوعها على التزام رئيسي للجهة المصدرة، وهو التزامها بضمان الوفاء بمشتريات الحامل من خلال اعتماد مخصص له باعتبارها مدينة للتاجر، ويلتزم بالمقابل الحامل بصفة أساسية بتحمل قيمة الفائدة ورسوم الاشتراك إضافة إلى ثمن مشترياته باعتباره مديناً للجهة المصدرة، وتنتهي هذه العلاقة بتمام الأجل المتفق عليه.[1]

وتتميز العلاقة الناشئة عن استخدام بطاقة الائتمان بالطابع الرضائي وذلك بمقتضى قيامها على الاتفاق الخاص أو عقد الانضمام بين الجهة مصدر البطاقة والشخص حاملها، حيث يتولى الطرف الأول "الجهة المصدرة

(1) د. موسى رزق- حامل البطاقة الائتمانية بالعقد والحماية التي يقررها المشرع له- دراسة مقدمه إلى مؤتمر الأعمال المصرفية الإلكترونية بين الشريعة والقانون، غرفة تجارة وصناعة دبي(10-12) مايو 2003.1م- المجلد الثالث-1035.

للبطاقة" إعداد عقد الانضمام ليعرض لاحقاً على الطرف الآخر، والذي ينحصر دوره في مجرد قبول أو رفض الانضمام إليه. ومن الثابت قانوناً أن الأصل في العقود الرضائية، وأن العقد ينعقد بمجرد ارتباط الإيجاب بالقبول عند تبادل الطرفين التعبير عن الإرادة بالشكل القانوني بما يحقق التطابق بين الإرادتين على وجه يجذم بوجود التراضي مع التقييد بوجوب اتجاه الارادتين في تطابقهما إلى غاية مشروعة.(1)

وجرى العرف التجاري في عقود الإنضمام أن تعد الجهة مصدرة البطاقة العقد بكل شروطه وضوابط نفاذه وتخرجه في شكل "طلب" مطبوع، وتضعه في متناول الجمهور ويتعين على الشخص الذي يرغب في الحصول على خدمات البطاقة أن يطلع على الطلب ليدون عليه البيانات المتعلقة بشخصه كما تحددها الجهة التي أعدت العقد، ثم يوقعه بعد أن يكون قد أقر بعلمه وقناعته بالالتزامات التي يتحملها والحقوق التي يتمتع بها دون أن يكون له حق مناقشتها، وينعقد العقد بعد ذلك بمجرد موافقة الجهة مصدرة البطاقة على قبول هذا الطلب.

وعند تناول موقف الفقه من الطبيعة العقدية لعقود الإنضمام، نجده قد انقسم في تحديد الطبيعة القانونية إلى فريقين: الفريق الأول ينكر صفة العقد الحقيقية لهذا النوع من العقود ويعتبره من عقود الإذعان، والفريق الآخر يعتبره ضمن العقود الرضائية الخاصة الأخرى.(2)

ويستند الفريق الأول إلى ما يشوب رضا حامل البطاقة من شبهه إكراه، باعتبار أنه لا يكون لحامل بطاقة الائتمان حق مناقشة شروط العقد ناهيك

(1) المرجع السابق.
(2) أنظر من حيث مبدأ الخلاف "عبد الرازق السنهوري ص229".

عن عدم مشاركته البتة في إعداده، وإنما ينحصر رضاه في قبول التعاقد "الإنضمام" أو رفضه، فمن حيث ظاهر التعاقد فإنه يصح القول بأن الطرف المذعن إذا ما اختار قبول التعاقد "الانضمام" فهو يفعل ذلك بمحض إرادته. لكن من حيث حقيقة التعاقد فإن رضا الطرف المذعن يظل منقوصا بسبب اشتماله على التسليم بشروط مفروضة عليه وعلى ذلك فإن ما يسمى بالقبول أو الموافقة العامة التي تصدر عن الطرف المذعن ليس في حقيقته إلا رضا لإرادة الطرف الآخر الذي أعد العقد، ومن ثم يكون رضا حامل البطاقة، الطرف المذعن، رضا شكليا أو غير حقيقي في مضمونه.([1])

أما الفريق الثاني، فيعتبر هذا النوع من العقود عقداً حقيقياً مثل غيره من العقود الرضائية الخاصة، ولو أن العقد قد تم بين طرفين غير متساويين حيث يهيمن أحدهما على العقد، إلا أن ذلك لا ينفي في رأيهم أن العقد يتم بتوافق تام بين إرادتين بصرف النظر عن محتوى كل منهما. وعلى ذلك يعد الرضا الصادر عن الطرف الآخر "حامل البطاقة"رضا حقيقياً وليس شكليا لأنه تصرف إرادي سليم يعبر عن قناعة عميقة لدى حامل البطاقة والذي رأى بعد الموازنة بين المصالح أن من مصلحته أن يوافق على العقد دون مناقشة شروطه، وتبعاً لذلك يمكن تصور أن حامل بطاقة الائتمان قد وازن بين مصلحته في رفض التعاقد ومصلحته في القبول ثم وجد أن مصلحته تتحقق بشكل أفضل في القبول غير المشروط بالعقد.

ويرى أصحاب هذا الرأي أن عدم التساوي في المركز القانوني للطرفين في العقد ناتج عن وضع اقتصادي أو اجتماعي خارج العقد، لكن لا يمنع

1 - د. موسى رزق-كلية القانون جامعة الشارقة- رضا حامل البطاقة الائتمانية بالعقد والحماية التي يقررها المشرع له- مرجع سابق.

ذلك القول بقيام العقد لأن وجود الرضا في العقد لا يفترض بالضرورة قيام تساوي في المركز القانوني بين طرفيه أو توازن فعلي بين التزاماتهما، وإنما يقتضي توافر إرادة حرة لكل منهما عند التعاقد بحيث يكون لكل منهما اختيار قبول أو رفض العقد، وبهذا المفهوم يكون الرضا ثابت في العقد لأن الإرادة موجودة وقائمة لكل من طرفيه. ويترتب على ذلك أن القول بأن الطرف المذعن أجبر على الاختيار تحت وطأة حاجته إلى الخدمة التي يوفرها له الطرف الآخر الذي غالباً ما يكون محتكراً الخدمة، هو قول غير دقيق، لأن موافقة الحامل على التعاقد تحقق له بطريقة ما العوض المادي الذي فقده من العقد، ما دام الرضا بهذا المضمون قد تم فإن العقد ينشأ حقيقة لا وهماً.[1]

وفي ظل عدم وجود تشريع مختص يضمن الحماية القانونية لطرف التعاقد الضعيف (حامل البطاقة) ضد أي من الشروط التعسفية التي قد يوافق عليها عند ملئه لطلب الحصول على البطاقة من الجهة المُصدرة، نجد أن كثيراً من الدول التي تعاملت ببطاقات الائتمان ولم تصدر تشريعا ينظم أمر العلاقة بين أطرافها، قد بسطت الحماية للطرف المذعن حامل البطاقة من خلال قواعد الحماية التقليدية التي يوفرها القانون للمتعاقدين وذلك من خلال منح القاضي سلطة رفع التعسف عن الطرف المذعن، وبالتالي يمكن لحامل البطاقة أن يطلب من القضاة تعديل الشروط التعسفية المجحفة بالنسبة له أو إعفائه من تنفيذ الشروط التعسفية أو استبعادها.

(1) د. عصام حنفي- الطبيعة القانونية لبطاقات الائتمان- مرجع سابق.

ب/ الطبيعة القانونية للعقد الذي يربط مُصدر البطاقة والتاجر:

ينظم العلاقة بين البنك والتاجر عقد مستقل يبرم بين الطرفين، البنك مُصدر البطاقة والتاجر الذي اشترى منه العميل حامل البطاقة، ويطلق عليه أحياناً عقد المورد وأحيانا عقد التاجر، وهي تعبيرات تفيد نفس المعنى وهو التزام البنك مُصدر البطاقة بدفع ثمن المشتريات التي وردها التاجر للعميل حامل بطاقة الائتمان مقابل عمولة.

ولكي تشرع الجهة المُصدرة للبطاقة في الإعلان عن طرح خدمات بطاقات الائتمان فلا بد أن تكون قد دخلت في علاقة أو علاقات تعاقدية مع تاجر أو عدد من التجار تضمن من خالها حصول من تتعاقد معهم لاحقاً من الأفراد أو الهيئات على السلع أو الخدمات التي تقدم بواسطتهم، ولهذا تكون اتفاقية التاجر هي الأساس القانوني الأول في جعل بطاقة الائتمان وسيلة وفاء بالالتزام.

ومن ذلك يمكن تعريف اتفاقية التاجر على أنها "عقد يلتزم بموجبه أحد الأطراف وهو بنك في الغالب، بتسديد قيمة المشتريات والخدمات التي يقدمها الطرف الآخر وهو التاجر لمستخدم البطاقة الصادرة من الطرف الأول، مقابل أن يلتزم الطرف الآخر بقبول البطاقات الصادرة من الطرف الأول كوسيلة وفاء.(1)" فالغاية الأساسية من هذا العقد هي تمكين حامل البطاقة التي يصدرها البنك من استخدامها كوسيلة وفاء للدين الذي في ذمته للتاجر مقابل ما قدمه له من سلع أو خدمات بدلاً من الوفاء الفوري

(1) د. سعد محمد سعد- دراسة بعنوان: المسائل القانونية التي تثيرها العلاقة الناشئة عن استخدام بطاقة الائتمان بين الجهة مُصدرة البطاقة والتاجر- مؤتمر الأعمال المصرفية الإلكترونية بين الشريعة والقانون، غرفة تجارة وصناعة دبي(10-12) مايو 2003م- المجلد الثاني-797.

بواسطة النقود، فيلتزم البنك لتحقيق هذه الغاية بسداد قيمة هذه المشتريات أو الخدمات للتاجر من الحساب المصرفي أو الائتمان الممنوح لمستخدم البطاقة بتحويله إلى الحساب المصرفي للتاجر في البنك نفسه أو في البنك الذي يختاره التاجر، فتحقيق هذه الغاية يشكل أهمية بالنسبة لأطراف الاتفاق- الجهة المُصدرة للبطاقة والتاجر- بما يعود لكل منهما من منافع مالية بسبب استخدام البطاقة. فالجهة مُصدرة البطاقة تجني عوائد مالية كبيرة من عملية استخدام الأفراد لبطاقة الائتمان في الوفاء بقيمة مشترياتهم أو الخدمات التي تحصلوا عليها من الجهة التي تقبل البطاقة لكون الغالب من البطاقات المتداولة لا يتم إصدارها وحصول الشخص عليها إلا مقابل رسوم إصدار، وإن كانت هذه الرسوم تتفاوت من مصدر إلى آخر وكذا رسوم التجديد وغيرها من الرسوم. والواقع أن العوائد المالية التي تحصل عليها الجهة مُصدرة البطاقة لا تقتصر فقط على ما تحصل عليه من رسوم يدفعها حامل البطاقة، بل وعلى ما تحصل عليه كذلك من التاجر كنسبة من قيمة كل فاتورة شراء أو تقديم خدمة والتي تصل في بعض الأحيان إلى 5% من قيمة الفاتورة، وهذه في الواقع تُعد أكثر بكثير مما تحصل عليه الجهة المُصدرة من رسوم من حامل البطاقة، وإضافة إلى ذلك تحصل الجهة مُصدرة البطاقة على مبالغ مالية عن طريق فوائد التأخير لا سيما إذا كانت البطاقة ذات ائتمان متجدد، أو يمكن أن يصل سعر الفائدة على متأخرات السداد إلى ضعف الفائدة في العروض العادية.(1)

1 - د. سعد محمد سعد- المرجع السابق.

ج/ الطبيعة القانونية للعقد الذي يربط بين حامل البطاقة والتاجر:-

ويرجع تكييف العلاقة بين هذين الطرفين إلى طبيعة العقد الذي أبرم بينهما فهو إمَّا عقد بيع أو عقد تقديم خدمات أخرى عادي محله الانتفاع بين الطرفين وهو مستقل تماماً عن أي عقد آخر بين أشخاص بطاقة الائتمان، بحيث يرى الفقه أنه لا يؤثر فيه عقد الانضمام (المبرم بين العميل والبنك) ولا عقد التاجر أو المورد (المبرم بين البنك وبين التاجر) ولا توجد أي صعوبة فيَ تكييف الطبيعة القانونية الناشئة عن هذه العلاقة لأنها تتحدد حسب طبيعة العقد المبرم بين الطرفين وما يرتبه من حقوق والتزامات على عاتق كل منهما. فمثلاً لما كان الغالب أن تتمثل هذه العلاقة بين حامل البطاقة وبين التاجر في عقد بيع، فإنه تنطبق بينهما كافة أحكام وشروط والتزامات عقد البيع الواردة في القانون المدني إلا في مسألة واحدة فقط هي طريقة دفع الثمن، حيث أن المشتري (حامل البطاقة) يتسلم الشيء المبيع من التاجر البائع في حين أن هذا البائع لا يقبض الثمن فقط مباشرة من المشتري، بل يقبل بطاقة الائتمان كوسيلة دفع، أمَّا الوفاء الفعلي فإنه يتم من قِبل البنك مُصدر البطاقة استناداً إلى العقد المبرم بين هذا البنك وبين التاجر.[1]

2/ الاتجاه الثاني لتحديد الطبيعة القانونية لبطاقات الائتمان:

يرى الاتجاه الثاني أن محاولة الفقه التقليدي لإدخال نظام بطاقات الائتمان تحت القوالب التشريعية التقليدية يعتبر عقبة أمام التطور الذي تقوم

1 - د. نزيه محمد الصاد المهدي- دراسة بعنوان "نحو نظرية عامة لنظام بطاقات الائتمان من الوجهة القانونية"- مقدمة إلى مؤتمر الأعمال المصرفية الالكترونية بين الشريعة والقانون – غرفة تجارة وصناعة دبي (10-15) مايو – 2003م- المجلد الثالث- ص 749

عليه المعاملات التجارية التي لا تعرف الجمود. لذلك يرى هذا الاتجاه ضرورة التحليل القانوني للأنظمة الحديثة ووضع الأنظمة القانونية الخاصة بها، ويتشكك هذا الاتجاه حول مقدرة أي نظام قانوني أو تقليدي على احتواء نظام بطاقات الائتمان ويرى أن لها طبيعة خاصة.

من الاستعراض السابق لتحديد الطبيعة القانونية لبطاقات الائتمان يتضح أن جميع المحاولات الفقهية والقضائية لوضع هذا النظام في قوالب قانونية تقليدية لم تسلم من النقد، فهذه الوسيلة تعتبر وسيلة حديثة من وسائل الوفاء لا يمكن لأي قالب من القوالب القانونية التقليدية أن يفسر جميع العلاقات القانونية المتشابكة الناشئة عنها نظراً لارتباطها بالتطور الاقتصادي والتكنولوجي للمعاملات التجارية.

ومن الملاحظ أن كثيراً من الدول العربية لم تنظم تشريعاً لهذا النوع من البطاقات حيث أن هذه الوسيلة تعتبر في كثير من الدول من الوسائل الحديثة للدفع والسداد لذلك كان من الضروري لمنظمي هذه الدول الانتظار حيناً من الوقت حتى يستقر النظام القانوني لهذه البطاقات، ومن ثم محاولة تطويعها لكي تتفق مع صيغ الأنظمة الموجودة ومن ثم يمكن وضع نظام تشريعي محدد يتصدى لهذا النوع المستجد من أدوات الوفاء.

قائمة المراجع

1/ أولا: بالغة العربية

الكتب العربية

1. إبراهيم المنجي- عقد نقل التكنولوجيا (التنظيم القانوني لعقد نقل التكنولوجيا والتجارة الإلكترونية)- منشأة المعارف بالإسكندرية- 2002م.
2. إبراهيم فضل المولى البشير- النقود المعدنية (أساسيات البنوك) - المؤسسة العربية للخدمات الجامعية- 1997م.
3. أحمد شرف الدين – عقود التجارة الإلكترونية (تكوين العقد وإثباته)- طبوعات كلية الحقوق جامعة عين شمس- 2001م.
4. أحمد عبد الكريم سلامة - القانون الدولي الخاص النوعي- (الإلكتروني- السياحي-البيئي)- دار النهضة العربية- 2000م.
5. بدوي أحمد زكي- معجم المصطلحات التجارية والتعاونية- بيروت- دار النهضة العربية للطباعة والنشر– 1984م.
6. بخاري الجعلي- قانون الإثبات وما علية العمل في السودان مقارنا بالإنجليزي والمصري والهندي - الطبعة الأولى -1984م.
7. بهاء شاهين – شبكة الإنترنت – دار الفاروق الحديثة للطباعة والنشر - الطبعة الثانية 1996م.
8. بهاء شاهين – العولمة والتجارة الإلكترونية - دار الفاروق الحديثة للطباعة والنشر – الطبعة الأولي – القاهرة- 2000م.

9. ثروت عبد الحميد- التوقيع الإلكتروني-(ماهيته- مخاطره، وكيفية مواجهتها مدى حجيته في الإثبات) - مكتبة الجلاء الجديدة بالمنصورة- 2002م.
10. حسن عبد الباسط جميعي- إثبات التصرفات القانونية التي يتم إبرامها عن طريق الإنترنت- دار النهضة العربية- 2000م.
11. حيدر أحمد دفع الله – المدخل لقانون الإثبات دراسة فقهية وقانونية تطبيقية مقارنة – مطابع قطر الوطنية- الطبعة الأولى 1999 م.
12. رأفت رضوان- عالم التجارة الإلكترونية- المنظمة العربية للتنمية الإدارية-1999م.
13. رمضان أبو السعود - أصول الإثبات في المواد التجارية والمدنية- الدليل الكتابي- الدار الجامعية للطباعة والنشر- بيروت- 1994م.
14. سليمان مرقص- أصول الإثبات وإجراءاته في المواد المدنية والتجارية – الأدلة المطلقة – عالم الكتب- القاهرة-1981م.
15. عبد الودود يحي- الموجز في النظرية العامة للالتزامات – (المصادر/ الأحكام/ الإثبات)- دار النهضة العربية –1994م.
16. عبد الواحد مكرم- معجم المصطلحات القانونية- مكتبة النهضة العربية- الطبعة الأولى 1987م.
17. علي جمال الدين عوض- عمليات البنوك من الوجهة القانونية- دار النهضة العربية 1988م.
18. عز الدين عبد الله - القانون الدولي الخاص ج2 (تنازع القوانين) – دار النهضة العربية – 1974م.

19. عبد القادربن عبد الله الفنتوخ- الإنترنت للمستخدم العربي- مكتبة العبيكان- الطبعة الأولى-2001م.
20. فايز نعيم رضوان- بطاقات الوفاء- مكتبة الجلاء الجديدة – طبعة 1990م.
21. فداء يحي أحمد الحمود- النظام القانوني لبطاقات الإئتمان- دار الثقافة للنشر والتوزيع – طبعة 1999م.
22. محمد ابراهيم ابو الهيجاء- عقود التجارة الالكترونية- دار الثقافة للنشر والتوزيع- 2005م.
23. محمد حسام لطفي – الإطار القانوني للمعاملات الإلكترونية – النسر الذهبي للطباعة –القاهرة- 2002 م.
24. محمود محمد ياقوت- حرية المتعاقدين في اختيار قانون العقد الدولي- منشأة المعارف- الإسكندرية- 2000م
25. محمد المرسي زهرة – القانون والحاسوب- مؤسسة الكويت للتقدم العلمي- إدارة التأليف والترجمة والنشر- سلسلة الكتب المتخصصة – الطبعة الأولي 1995م.
26. محمد ابراهيم ابو الهيجاء- عقود التجارة الالكترونية- دار الثقافة للنشر والتوزيع-2005م.
27. نزيه محمد الصادق- دروس في النظرية العامة للالتزام – الإثبات الجزء الثالث–دار النهضة العربية- 2000م.
28. هشام علي صادق- القانون الواجب التطبيق على عقود التجارة الدولية- دار الفكر الجامعي- الإسكندرية- 2001م

29. وسيم حجار- الإثبات الإلكتروني- المنشورات الحقوقية - بيروت 2002م.

2/ ثانياً:- الأوراق والبحوث العلمية:-

30. إبراهيم احمد إبراهيم – التجارة الإلكترونية والملكية الفكرية – مجلة المحاماة العدد الأول- 2001 م.

31. أحمد الهوا ري- عقود التجارة الالكترونية في القانون الدولي الخاص- دراسة مقدمة إلي مؤتمر العمال المصرفية الالكترونية بين الشريعة والقانون- مايو 2003م.

32. أحمد شرف الدين- الجوانب القانونية للتجارة الإلكترونية وآليات تسوية منازعاتها- مؤتمر الأعمال المصرفية الإلكترونية بين الشريعة والقانون- غرفة تجارة وصناعة دبي- مايو 2003م.

33. أحمد شرف الدين- حجية الكتابة الإلكترونية علي دعامات غير ورقية في الإثبات – مركز البحوث والدراسات بشرطة دبي - دورة العقود في المجال الشرطي- 2001م.

34. السيد أحمد عبد الخالق-البنوك والتجارة الالكترونية – الجديد في أعمال المصارف من الوجهتين القانونية والاقتصادية- أعمال المؤتمر العلمي السنوي لكلية الحقوق بجامعة بيروت العربية – الجزء الثاني الجديد في التمويل المصرفي- منشورات الحلبي الحقوقية -2002م.

35. سعد محمد سعد- المسائل القانونية التي تثيرها العلاقة الناشئة عن استخدام بطاقة الائتمان بين الجهة مُصدرة البطاقة والتاجر- مؤتمر الأعمال المصرفية الإلكترونية بين الشريعة والقانون، غرفة تجارة وصناعة دبي- مايو 2003م.

36. شريف محمد غنام- محفظة النقود الإلكترونية رؤية مستقبلية - مؤتمر الأعمال المصرفية بين الشريعة والقانون.-غرفة تجارة وصناعة دبي- مايو 2003م.
37. عزت محمد علي البحيري- القانون الواجب التطبيق على المعاملات الإلكترونية نظرة عامة- مؤتمر الأعمال المصرفية والإلكترونية بين الشريعة والقانون- مايو 2003م.
38. عز الدين كامل أمين – محاضرة بعنوان العقود الإلكترونية ونظم الدفع الإلكتروني – معهد التدريب والإصلاح القانوني – الخرطوم- السودان- 21 يوليو 2002م.
39. عزا لدين كامل- مفهوم ومقومات العمل المصرفي الالكتروني- مجلة المصارف-العدد الثالث- يوليو 2004م.
40. عصام الدين القصبي- تنازع الاختصاص القانوني والقضائي في مجال التجارة الإلكترونية – دراسة مقدمة إلي مؤتمر الأعمال المصرفية الإلكترونية بين الشريعة والقانون- غرفة تجارة وصناعة دبي- مايو 2003م.
41. عادل محمود شريف وعبد الله اسماعيل عبد الله – ضمانات الأمن والتأمين في شبكة الإنترنت – مؤتم القانون والكمبيوتر ولإنترنت – العين الإمارات العربية المتحدة- مايو 2003م.
42. عصام حنفي محمود موسى- كلية الشريعة والقانون جامعة الأزهر- الطبيعة القانونية لبطاقات الائتمان- دراسة مقدمة إلى مؤتمر الأعمال المصرفية الإلكترونية بين الشريعة والقانون- غرفة تجارة وصناعة دبي مايو 2003م.

43.محمد السيد عرفة- (التجارة الدولية الإلكترونية عبر الإنترنت- مفهومها والقاعدة التي تحكمها ومدي حجية المخرجات في الإثبات) – دراسة مقدمة لمؤتمر (القانون والكمبيوتر) كلية الشريعة والقانون - جامعة الإمارات العربية المتحدة - مايو 2000.م

44.محمد رأفت- ماهية بطاقة الائتمان (أنواعها، وطبيعتها القانونية وتمييزها عن غيرها)-مؤتمر الأعمال المصرفية الالكترونية بين الشريعة والقانون، غرفة تجارة وصناعة دبي- مايو 2003م.

45.محمد عبد الحليم عمر- بطاقة الائتمان ماهيتها والعلاقات الناشئة عن استخدامها بين الشريعة والقانون- مؤتمر الأعمال المصرفية الالكترونية بين الشريعة والقانون، غرفة تجارة وصناعة دبي- مايو 2003م.

46.محمد إبراهيم محمود الشافعي- جامعة عين شمس- الآثار النقدية والاقتصادية والمالية للنقود الالكترونية-دراسة مقدمة إلي مؤتمر الأعمال المصرفية الالكترونية بين الشريعة والقانون-غرفة تجارة وصناعة دبي مايو 2003م.

47.محمد عبد السلام سلامه- جرائم غسيل الأموال إلكترونيا في ظل النظام العالمي الجديد للتجارة الحرة(العولمة)- مؤتمر الأعمال المصرفية الإلكترونية بين الشريعة والقانون- غرفة تجارة وصناعة دبي- مايو 2003م.

48.موسى رزق- رضا حامل البطاقة الائتمانية بالعقد والحماية التي يقررها المشرع له- دراسة مقدمه إلى مؤتمر الأعمال المصرفية

الإلكترونية بين الشريعة والقانون، غرفة تجارة وصناعة دبي- مايو 2003م.

49. نجوي أبوهيبة – التوقيع الإلكتروني "تعريفة ومدي حجيته في الإثبات" – بحث مقدم إلى مؤتمر الأعمال المصرفية والإلكترونية بين الشريعة والقانون _ غرفة تجارة وصناعة دبي - مايو 2003 م.

50. نوري حمد خاطر- وظائف التوقيع في القانون الحاص- مجلة المنارة "مجلة دورية تصدر عن جامعة آل البيت" – الأردن- المجلد الثالث- العدد الثاني- ابريل 1998م.

51. نزيه محمد الصاد المهدي- دراسة بعنوان "نحو نظرية عامة لنظام بطاقات الائتمان من الوجهة القانونية"- مقدمة إلى مؤتمر الأعمال المصرفية الالكترونية بين الشريعة والقانون –غرفة تجارة وصناعة دبي- مايو 2003م.

52. هدي حامد قشقوق – الصور الإجرامية لحالات السحب الإلكتروني من الرصيد – ورقة عمل مقدمة إلى ندوة أكاديمية الشرطة دبي- 2000 م.

ثالثاً:-المراجع والمواقع الإنجليزية

1. Jonathan Rosenoer - Cyber Law (The law of the internet) Springer –Verlag - New York, Inc.1997.
2. Primer on E. Commerce &Intellectual Property Issues, (Intellectual property Organization) http://e .commerce.wipo.int
3. Stephan Wilkes - 'international jurisdiction in cyber space - Which state may regulate the Internet"- - Research & Teaching Fellow, Admitted to New York Bar
4. - Scope Of Cyber Laws- Naavi, s Cyber Law College- (Certificate in Cyber Laws Course) – 22 - 9 – 2004 www.cyber laws
5. Ferrea Lichen Stan - Cyber Law (Text and cases) West Thomson Learning- USA-2001
6. http://vmag.velip.org/docs/vmpaper.htm.

7. www.oecd.org/pulications/POL_brief /970/_POL.htm.
8. http://www.saudi.gov.sa/wps/portal/yesserRoot/aboutEgovernment
9. http://vmag.velip.org/docs/vmpaper.htm

4/ رابعاً:-الأنظمة والتشريعات

1. قــانون الأونســيترال النمــوذجي بشــأن التجــارة الإلكترونيــة- 1996م- منشورات الأمم المتحدة- نيويورك 2000م.
2. دليـل تشـريع القـانون النمـوذجي - منشـورات الأمـم المتحـده- نيويـورك 2000م.
3. نظـام التعـاملات الإلكترونيـة السـعودي- الصـادر بموجـب قـرار مجلـس الوزراء رقم 80 بتاريخ 1428/3/7هـــ والذي تمت المصـادقة عليـه بموجب المرسوم الملكي رقم 18 وتاريخ 1428/3/8هــــ.
4. قانون المعاملات والتجارة الإلكترونية للإمارات العربيـة المتحـدة رقـم 2 لسنة 2002م.

الملحقات

شروط وأحكام الإصدار والاستصدار

بطاقات فيزا وماستر كارد والائتمان الصادرة من بيت التمويل الكويتي

بناءً على الطلب المقدم من العضو ليصدر له بيت التمويل الكويتي بطاقة التمويل الائتمانية الخاصة به، فقد وافق العضو على الالتزام الكامل بالشروط والأحكام الآتي بيانها:-

1- تعاريف تكون للكلمات التالية أينما وردت المعاني الموضحة قبل كل منها:-

البيت: بيت التمويل الكويتي (ش، م، ك).

البطاقة: أي بطاقة فيزا أو ماستر كارد ائتمانية صادرة من بيت التمويل الكويتي.

العضو: أي فرد أو مؤسسة أو كيان قانوني يقبل التعامل بالبطاقة.

الحساب: حساب العضو الذي تقيد فيه جميع المبالغ بمعاملات البطاقة والرسوم والاشتراكات والمصاريف والأتعاب المستحقة وفق المبين بهذا الطلب.

2- يكون استخدام البطاقة من قِبل العضو المصدرة له شخصياً وفي حدود المبالغ المصرح له بها، ويلتزم العضو بعدم تجاوز هذا الحد.

3-يتحمل العضو المسئولية كاملة عن البطاقة واستعمالها، وعن كافة النتائج المترتبة على ذلك وخاصة في حالة هلاكها أو ضياعها، أو سرقتها أو إساءة استعمالها: سواء من قِبله أو من قِبل الغير وسواء

بتصريح من العضو أو بدونه، ويلتزم العضو في جميع الأحوال بأن يسدد للبيت جميع المبالغ المقيدة على الحساب.

4- في حالة فقدان البطاقة وتعرضها للسرقة يلتزم العضو فوراً بإبلاغ بيت التمويل الكويتي ص.ب 685099 كيفان – الرمز البريدي 71966 هاتف 4821766 أو فرع البيت أو أقرب مكتب فيزا خطياً في غضون سبعة أيام، وحتى استلام البيت للإشعار الكتابي يكون العضو مسئولاً عن أي قسيمة بيع أو دفع نقدي تصدر عن استخدام البطاقة المفقودة أو المسروقة.

5- لا يتحمل البيت أي مسئولية عن أي تصرف أو إهمال أو اعتراض من جانب التاجر مهما كانت الأسباب بما في ذلك رفض أحد التجار قبول البطاقة.

6-تحسب وتسدد بالدينار الكويتي المبالغ المستحقة للبيت على العضو مضافاً إليها نسبة 1% (واحد بالمائة) من قسيمة المعاملة وذلك حسب سعر الصرف للدينار الكويتي مقابل العملة الأجنبية في تاريخ استلام البيت لبيان هذه المبالغ من الجهات المتعمدة للبطاقة ويعتبر هذا تنفيذاً لتوكيل ضمني من العضو، وأما عمليات السحب النقدي فإنها تحسب مضافاً إليها 4% (أربعة بالمائة) من قيمة كل عملية سحب نقدي ويعتبر هذا تنفيذا لتوكيل ضمني من العضو.

7- يحق للبيت في أي وقت استيفاء المبالغ المستحقة له من أي ودائع أو إيداعات أو حسابات تكون للعضو في البيت أياً كانت تسميتها وذلك فوراً ودون تنبيه أو إجراءات.

8- تعتبر الودائع والبضائع والحسابات وأية أموال موجودة للعضو في البيت مرهونة رهناً حيا زيا ضماناً للوفاء بجميع المبالغ المستحقة أو التي تستحق على العقد لأي سبب.

9- تقيد على حساب العضو المبالغ التالية بالدينار الكويتي:

أ – رسم انتساب يدفع مرة واحدة عند قبول طلب الاشتراك.

ب- اشتراك العضو ويدفع مرة واحدة كل سنة في الموعد الذي يحدده البيت.

ج - كافة المصاريف والمبالغ الناشئة عن استعمال العضو للبطاقة بما في ذلك تكلفة أية برقيات أو تلكسات أو عمولات تخصمها البنوك أو المؤسسات المالية الأخرى على العضو نتيجة لاستخدامه للبطاقة.

10 - يحتفظ البيت بملكية البطاقة والرقم السري الخاص بها.

11- لا يكون البيت مسئولاً عن أية أضرار تنشأ نتيجة عطل طارئ لجهاز الصرف الآلي أو أجهزة قبول البطاقات سواء كان بسبب فني أو عدم كفاية المبالغ المتوفرة فيه أو أي سبب آخر داخل أو خارج الكويت.

12- يحتفظ البيت بحق تجديد البطاقة في أي وقت يشاء، ويجوز للعضو طلب إلغاء عضويته أو عدم تجديد العمل بالبطاقة. ويقدم هذا الطلب خطياً على النماذج المعدة لذلك لدى البيت مع إعادة البطاقة. ولا يعتبر إعادة العضو للبطاقة إلى البيت واستلام البيت لها دون تحفظ قرينة على براءة ذمته من قِبل البيت، وفي جميع الأحوال يكون العضو مسئولا عن كافة الالتزامات الناشئة عن استعمال البطاقة حتى سداد جميع الالتزامات وتسوية حساب البطاقة أو بعد مرور مدة لا تقل عن ستين يوماً من تاريخ إعادته للبطاقة أيهما يكون لاحقاً.

13- للبيت الحق في إلغاء البطاقة عندما يرى ذلك دون إبداء الأسباب وعلى الأخص في الحالات الآتية:-

أولاً: إذا خالف العضو أي شرط من الشروط المدونة في هذا الطلب.

ثانياً: إذا أساء استخدام البطاقة وبوجه خاص في حالة استعمالها للوفاء بأثمان بضائع أو أعمال أو خدمات مخالفة لأحكام الشريعة الإسلامية.

ثالثاً: إذا وقع الحجز على ممتلكات العضو سواء كان الحجز تحفظياً أو تنفيذياً.

رابعاً: في حالة صدور حكم على العضو بتصفية ممتلكاته أو إشهار إفلاسه أو توقف عن دفع ديونه.

خامساً: في حالة فقدان أهليته أو وفاته.

سادساً: إذا استعمل بطاقة في عمليات شراء الذهب على الأجهزة اليدوية.

سابعاً: في حالة إغلاق الحساب المقترح باسم العضو سواء تم بقرار من البيت أو بناء على طلب العضو.

14- عند تحقق إحدى حالات الإلغاء يجب على العضو إعادة البطاقة للبيت وتبقى جميع الالتزامات الناشئة عن استخدام البطاقة من مسئولية العضو في سداد جميع هذه الالتزامات وتسوية حساب البطاقة ولا يعتبر إعادة العضو للبطاقة إلى البيت بعد إلغائه لها دون تحفظ قرينة دالة على براءة ذمته من التزامات قِبل البيت.

15- كل إخطار يوجه من البيت إلى العضو على عنوانه المدون بهذا الطلب يعتبر صحيحاً وقانونياً، ويتعهد العضو بإخطار البيت كتابة بأي تغير في عنوانه.

16- يعتبر البيت جميع المبالغ المشار إليها في المادة التاسعة عليه، وجميع مبالغ قسائم الدفع النقدي وكافة المبالغ الناتجة عن استخدام البطاقة على حساب العضو ويقوم البيت بإرسال كشف حساب إلى العضو مبيناً فيه المبالغ المطالب بتسديدها.

17-يتنازل العضو عن طلب لتدقيق دفاتر وقيود وحسابات البيت المتعلقة فيما يستحق عليه من التزامات ناشئة عن البطاقة والموضحة في هذا الطلب

ولا يحق له الاعتراض عليها ما لم توجد قرائن قطعية تدل على العكس وتقتنع بها جهات التدقيق والرقابة الشرعية.

18- يحق للبيت تعديل هذه الشروط والأحكام في أي وقت يشاء، وبإعلان البيت عن العديل في فروعه يصبح ساري المفعول من تاريخه ما لم يرفض العضو التعديل فيعتبر طالباً إلغاء البطاقة وتطبق عليه الإجراءات المبينة في البند رقم (12، 13 و 14).

19- يقر العضو بعمله وإدراكه وقبوله وموافقته على الأحكام الآتية:-

أولاً: أن الخدمات التي تهيئها البطاقة تتوقف في بعض الأقطار في بعض الأيام وذلك بسبب عدم تواجد الجهاز الوظيفي خلال العطلات الرسمية والوطنية والدينية. ويؤكد العضو معرفته بذلك وقبوله لها.

ثانياً: أن أي تحويل يتجاوز الحد الائتماني الممنوح للعميل يتطلب إجراء اتصالات معينة مع البيت، ولذلك فإن العضو يوافق على تأجيل استعماله

للبطاقة في حالة تجاوز المبلغ الائتماني المصرح له به إلى أن يمر الوقت اللازم للحصول على موافقة البيت.

20- يفوض العضو البيت بخصم المبالغ المترتبة عليه من جراء استعماله للبطاقة وذلك بالدينار الكويتي من حسابه الجاري أو التوفير الاستثماري أو غيره من حسابات العميل لدى البيت.

21- المدون بعالية هي الشروط والأحكام التي تحكم العلاقة وتخضع فيما لم يرد به نص خاص بها، للأحكام والقوانين النافذة في دولة الكويت ومن اختصاص محاكمها.

الفهرس